ro
ro
ro

ro
ro
ro

Zu diesem Buch Stapel, Krimskrams, Klamottenhaufen – diese Art von Unordnung kennt jeder von uns. Zum echten Problem werden eine voll gestopfte Wohnung oder ein überladener Schreibtisch aber erst dadurch, dass sich Wichtiges und Unwichtiges wahllos ansammeln und man den Überblick verliert. Hilflos steht man vor der Übermacht seines Chaos und gibt schließlich auf. Thomas Ritter weiß aus eigener Erfahrung, wie man sich Schritt für Schritt aus der zwanghaften Unordnung befreit. Sein erprobtes Konzept wird vielen Betroffenen und ihren Angehörigen zu einem ganz neuen, freien Lebensgefühl verhelfen.

Zum Autor Thomas Ritter, Jahrgang 1966, ist Musikverleger, freier Musikjournalist, Musiker und Ex-Messie. Mit seinem Konzept gegen zwanghafte Unordnung plädiert er für ein glückliches, freies und entspanntes Leben in Ordnung.

Thomas Ritter

Endlich aufgeräumt!

Der Weg aus der zwanghaften Unordnung

Rowohlt Taschenbuch Verlag

5. Auflage Juli 2012

Originalausgabe
Veröffentlicht im Rowohlt Taschenbuch Verlag,
Reinbek bei Hamburg, März 2004

Redaktion Friederike Bilinski
Umschlagfoto Getty Images
Fotos Rückseite imagesource
Satz Centennial PostScript bei
Pinkuin Satz und Datentechnik, Berlin
Druck und Bindung Druckerei C. H. Beck, Nördlingen
Printed in Germany
ISBN 978 3 499 61591 7

MIX
Papier aus verantwortungsvollen Quellen
FSC® C019821

Das für dieses Buch verwendete FSC®-zertifizierte Papier
***Lux Cream* liefert Stora Enso, Finnland.**

Inhalt

Widmung 7
Vorwort 11
Einleitung 13

1 | Was Sie bekommen werden 15
2 | Eine kleine Liste für den großen Erfolg 17
3 | Das Problem 21
4 | Über mich 24
5 | Warum bin ich so? 28
6 | Und das ist nicht das einzige Problem 31
7 | Ein bisschen Angst und eine wichtige Frage 33
8 | Warum räumen wir nicht einfach auf? 34
9 | Der Vorteil des Messie-Daseins 36
10 | Eine erste Entscheidung 38
11 | Die Selbsthilfegruppen der Anonymen Messies und ihr großes Missverständnis 40
12 | Messie-Literatur: Die Verwaltung des Problems 42
13 | Schluss mit dem gemeinen Selbstbetrug 45
14 | Die «Ich brauche das alles»-Haltung 46
15 | Die «Ich gönne mir nichts»-Haltung 49
16 | Die «Aber es ist doch so viel, ich schaffe das sowieso nicht»-Haltung 52
17 | Die «Ich bin wie gelähmt und ohnmächtig»-Haltung 57
18 | Die «Ja, aber ...»-Haltung 59
19 | Die «Ich verliere meine Kreativität»-Haltung 61
20 | Die «Mir fehlt es offenbar an Willenskraft und Disziplin»-Haltung 64
21 | Die «Mein Leben wird leer, wenn alles aufgeräumt ist»-Haltung 67
22 | Die «Ich hasse es, wenn alles steril ist»-Haltung 70

23 | Die «Der Zeitpunkt ist noch nicht gekommen»-Haltung 72
24 | Die «Bei mir ist es ja gar nicht so schlimm»-Haltung 74
25 | Die «Ich weiß nicht, ob ich das durchhalte»-Haltung 78
26 | Die «Eigentlich will ich doch gar nichts ändern»-Haltung 82
27 | Die «Ich sehe die Unordnung nicht»-Haltung 84
28 | Die bösen Fallen 88
29 | Die Falle «Man muss loslassen können» 90
30 | Die Falle «Lassen Sie sich helfen, und seien Sie nicht dabei, wenn bei Ihnen aufgeräumt wird» 92
31 | Die Falle «Das ist doch noch gut» 94
32 | Die Falle «Ich glaube das nicht» 95
33 | Die Falle «Unkonventionalität» 99
34 | Die Falle «Ich glaube dir erst, dass du kein Messie mehr bist, wenn …» 101
35 | Die Falle «Ewiger Kampf» 103
36 | Die Falle «Ich muss das alleine schaffen» 105
37 | Die Falle «Scham» 106
38 | Die Falle «Ich bin eben ein Freigeist» 108
39 | Die Falle «Ich werde es schaffen» 109
40 | Die Falle «Missionsarbeit» 111
41 | Noch ein paar Worte zum neuen Blickwinkel 113
42 | Der Gewinn – die Freiheit von und die Freiheit zu 116
43 | Wie sich das eigene Leben verändert 119
44 | Wie aufgeräumt muss es denn nun sein? 122
45 | Wie es nun weitergeht 123
46 | Die letzte große Entscheidung 127
47 | Ein letzter Schritt 128

Für Jenny, die auf den Auslöser drückte, und für Regine, ohne die nichts so wäre, wie es ist.

«Im Winter war es trotzdem gar kein Problem,
erst im Sommer kam der Geruch.
Sonst geht es uns gut, ich lass die Fenster zu,
wir legen keinen Wert auf Besuch.
Wir sammeln die Sachen in Plastiktaschen und
bewahren sie sorgfältig auf.
Vielleicht werden sie noch gebraucht.»

aus: «Wir sind zuhaus (und ihr seid draußen)» von GUZ
(CD «Geheime Weltregierung», elbtonal CD ET 33)

Vorwort

Liebe Leserin, lieber Leser!

«Messies» nennt man Menschen, wie ich einer war. Der Name leitet sich aus dem Englischen her: to make a mess = ein Chaos veranstalten. Fast fünfunddreißig Jahre meines Lebens war ich ein Messie, und ich konnte mir nicht vorstellen, dass sich das jemals ändern würde. Ich hatte mich mit meinem Schicksal abgefunden. Bis ich den Weg aus der zwanghaften Unordnung entdeckte.

Als ich mich dazu entschloss, dieses Buch zu schreiben, stand ich noch ganz unter dem Eindruck, mein Chaos dauerhaft beseitigt zu haben. Es war ein völlig ungekanntes Glücksgefühl, endlich davon befreit zu sein. Ich beschloss, meine Erkenntnisse über das Messie-Dasein und die Möglichkeit zur dauerhaften Beendigung desselben niederzuschreiben, als ich las, dass es allein in Deutschland ungefähr 3,8 Millionen Menschen geben soll, die man als Messies bezeichnen kann. Ich wollte diesen Menschen die Möglichkeit geben, von meinen Erfahrungen zu profitieren. Ich weiß, dass ich endgültig den Weg aus der zwanghaften Unordnung gefunden habe, denn seit meinem entscheidenden Schritt hat sich mein Leben komplett verändert. Ich lebe seit ein paar Jahren völlig normal und kann mir gar nicht mehr vorstellen, jemals wieder Messie zu sein. Ja, ich weiß zwar noch, dass ich einer war, aber das erscheint mir mittlerweile wie ein übler Spuk aus der Vergangenheit, wie ein böser Traum. Wenn die Mülltüte voll ist, bringe ich sie raus. Wenn die Zeitung älter als zwei Tage ist, kommt sie zum Altpapier. Wenn ein Gegenstand kaputtgeht, wird er repariert oder entsorgt. Wenn ich gekocht habe, wird der Abwasch gemacht. Staubflocken fallen mir auf, und sie nerven mich. Dreck geht mir auf den Geist. Mindestens einmal in der Woche werden Bad, Küche und Fußboden gewischt. Und das Tollste daran: Es bereitet mir Freude. Es ist das Normalste der Welt, und ich weiß, warum ich es tue. Es ist keine Last, ich muss mich nicht anstrengen. All das war noch vor ein paar Jahren undenkbar. Grund genug also, dieses Buch zu schreiben.

In diesem Zusammenhang gilt mein besonderer Dank meiner Lektorin Katharina Naumann vom Rowohlt Verlag, die mir beim Schreiben dieses Buches jederzeit zur Seite stand und mir die Angst nahm mit Sätzen wie «Herr Ritter, im schlimmsten Fall müssen Sie eben ein bisschen Geld zurückzahlen». Ich bin mir sicher, dass dieses Buch Messies dauerhaft helfen kann. Ich freue mich darüber, dass ich es sein durfte, der dieses Buch schrieb. Und ich möchte mich bedanken bei all denen, die in diesem Buch zu Wort kommen. Ich habe die Namen geändert und die Charaktere ein bisschen durcheinander gewürfelt, damit sie anonym bleiben. Aber ihre Aussagen sind alle unverfälscht. Sie haben mir enorm geholfen, die Dinge auf den Punkt zu bringen. Ohne sie wäre dieses Buch nicht möglich gewesen.

Thomas Ritter, Herbst 2003

Einleitung

Willkommen und herzlichen Glückwunsch zu Ihrer Entscheidung, dieses Buch zu kaufen. Denn: Sie haben sich dieses Buch nicht gekauft, weil Sie ein Problem *haben*, sondern weil Sie dieses Problem *lösen* wollen. Damit haben Sie den wichtigsten Schritt getan. Sie haben Ihr Problem erkannt, und Sie haben eine Entscheidung getroffen. Der Rest ist ganz einfach!

Sie werden mir das zu diesem Zeitpunkt natürlich nicht glauben können. Zu lange schon hat Ihr Problem Sie im Griff, zu viele Versuche zur Lösung desselben sind schon gescheitert. Sei es erst nach einiger Zeit der Besserung, sei es schon im Ansatz. Oder Sie haben allein beim Gedanken an Lösungsversuche aufgegeben.

Nun, Sie müssen mir jetzt auch nicht glauben. Eigentlich zu keinem Zeitpunkt, während Sie dieses Buch lesen. Denn in diesem Buch geht es nicht um eine Glaubensfrage. Es geht einfach darum, Ihnen zu zeigen, dass Chaos und zwanghafte Unordnung aus Ihrem Leben verbannt werden können. Für immer und ohne Qual. Der Erfolg ist unter bestimmten Voraussetzungen für Sie garantiert.

Aber ich werde Ihnen nichts vorschreiben.

Ich lade Sie lediglich dazu ein, ein paar Dinge zu erfahren, die Ihr Leben lebenswert machen. Das hat nichts mit «Glauben» zu tun. Und um Ihnen gleich eine große Angst zu nehmen: Es hat auch nichts mit Willenskraft zu tun, und es ist nicht einmal anstrengend.

Im Gegenteil! Sie werden eine Erleichterung und Befreiung empfinden, wie Sie sie noch nie im Leben erfahren haben. Das verspreche ich Ihnen. Warum ich so sicher bin? Weil ich selbst genau diese Erfahrung gemacht habe. Jahrelang glaubte ich zu wissen, dass ich niemals aus meinem Elend herauskommen könnte. Jahrelang dachte ich, einen hoffnungslosen Kampf führen zu müssen. Ohne Aussicht auf den Sieg. Heute weiß ich: Man muss nicht kämpfen. Man kann nicht verlieren. Und: Es ist ganz einfach. Nahezu unglaublich, aber wahr, wenn Sie mir dieses kleine Zitat aus der Welt der phantastischen Geschichten erlauben. Denn was ich erlebt habe, erschien mir anfänglich tatsächlich wie eine phantastische Geschichte. Aber es ist die Realität und sogar erstaunlich unspektakulär. Wie alle einfachen Dinge. Also: Lassen Sie uns einfach anfangen.

Kapitel 1

Was Sie bekommen werden

Ich werde Ihnen in diesem Buch keine Tipps zum Aufräumen geben. Wenn Sie nur Tipps zum Aufräumen bräuchten, dann hätten Sie Ihr Chaos schon längst beseitigt. Ich werde Ihnen auch nicht erzählen, dass und was Sie wegschmeißen sollen. Wenn es das wäre, was Sie brauchten, dann hätten Sie Ihr Chaos schon längst beseitigt. Ich werde Ihnen auch nicht aufzählen, welche Vorteile die Beseitigung des Chaos hat. Wenn das reichen würde, dann hätten Sie Ihr Chaos schon längst beseitigt.

Nein, ich werde Ihnen lediglich meine Geschichte erzählen und die Geschichte von ein paar Freunden. Sie werden dadurch die Möglichkeit erhalten, frei und ganz ohne Angst Ihr Leben überall dort zu verändern, wo Sie es *wollen*. Sie *müssen* gar nichts, aber Sie werden nach dem Lesen des Buches *können*, wenn Sie *wollen*!

Ich habe für mich erkannt, dass mein ganzes Leben als Messie ein großer Selbstbetrug war. Damit meine ich nicht, dass meine Arbeit, meine Partnerschaften, meine Freundschaften, meine Hobbys, all die Dinge, die Spaß und Freude in mein Leben gebracht haben, ein Fehler waren. Keinesfalls!!! Lediglich meine zwanghafte Unordnung, mein Chaos, beruhte auf einer Reihe mir heute unbegreiflicher Missverständnisse. Ich dachte nämlich, dass dieses Chaos von Vorteil wäre. Dass es mir nützen würde. Ich dachte, dass ich so leben müsste, weil dies Ausdruck meiner unkonventionellen Einstellung und meiner Individualität sei. Und ich dachte, dass mein Chaos der Nährboden meiner Kreativität sei. Wie gesagt: ein einziger großer Selbstbetrug.

Um damit aber Schluss machen zu können und den Erfolg für Sie zu garantieren, ist es nötig, ein paar kleine Dinge zu berücksichtigen.

Kapitel 2

Eine kleine Liste für den großen Erfolg

Ich habe Ihnen versprochen, dass Sie Ihr Problem ganz einfach lösen können. Dazu bekommen Sie nun eine kleine Liste mit 8 Punkten. Lesen Sie sich diese Liste entspannt durch. Es lohnt sich!

1. Lesen Sie dieses Buch aufmerksam. Sollten Sie beim Lesen abgelenkt sein, lesen Sie die betreffenden Stellen noch einmal. Es ist wichtig, dass Ihnen nichts entgeht. Nur wenn Sie wirklich alles aufmerksam gelesen und vielleicht sogar für sich selbst kurz durchdacht haben, wird es funktionieren. Stellen Sie sich vor, Sie sollen einen kleinen Motorschaden an Ihrem Auto beheben, lesen aber die Gebrauchsanweisung nur bis zu dem Teil, wo beschrieben wird, wie Sie die Motorhaube öffnen. Die Reparatur könnte nicht gelingen, nicht wahr?

2. Nehmen Sie erst einmal hin, was Sie lesen. Ihr Widerspruchsgeist und Ihre Persönlichkeitsstruktur als Freigeist, der sich nicht unterordnen will, sollen deshalb nicht angetastet und Ihnen nicht genommen werden. Ich werde Ihnen absolut nichts vorschreiben. Ich habe einfach die Methode für Sie, wie Sie Ihr Leben ändern können. Sie müssen diese Methode aber nicht annehmen. Sie können weiter so leben wie bisher. Dagegen ist nichts einzuwenden, wenn das Ihr Wunsch ist. Lassen Sie also erst einmal das Gelesene auf sich wirken. Der Rest kommt später.

3. Nehmen Sie auch den Schreibstil hin. Ich werde mich sehr einfach ausdrücken. Auch wenn Sie in Ihrem Leben bisher gelernt haben, dass einfache Dinge nichts wert sein

können, berücksichtigen Sie, dass nicht jeder so gebildet ist wie Sie. Damit aber jeder die Methode verstehen kann, drücke ich mich einfach und direkt aus. Wenn das manchmal «amerikanisch» wirkt, liegt es lediglich daran, dass die Amerikaner Meister darin sind, Dinge einfach auf den Punkt zu bringen. Dadurch werden aber wahre Dinge nicht weniger wahr. Sie werden nur für jedermann verständlich, wogegen seit der Aufklärung niemand mehr etwas haben kann.

4. Sollten Sie merken, dass Sie Angst bekommen und sich deswegen Gründe ausdenken, warum Sie dieses Buch nicht weiterlesen, dann bedenken Sie: **Es gibt nur einen wirklichen Grund, dieses Buch wegzulegen: dass Sie weiterhin so leben wollen, wie bisher.** Wenn dem so ist, dann tun Sie das, und genießen Sie Ihr selbst gewähltes Leben!

Das ist ganz und gar nicht ironisch gemeint. Sie haben jederzeit die Wahl, Ihr Leben nach Ihren Wünschen zu gestalten. **Sollten Sie also in Ihrem Leben nichts ändern wollen, dann brauchen Sie selbstverständlich dieses Buch nicht weiterzulesen.** Aber eines steht fest: **Außer diesem einen Grund, dass Sie nämlich Ihr Leben nicht ändern wollen, gibt es keinen weiteren, das Lesen abzubrechen.**

5. Lesen Sie das Buch nicht quer. Das könnte Sie dazu verleiten, zu glauben, es verstanden zu haben. Ich versichere Ihnen, dass ich mir etwas bei der Reihenfolge der Kapitel gedacht habe. Wenn Sie das Buch einfach von vorne nach hinten durchlesen, werden Sie Erfolg haben, das darf ich Ihnen versprechen.

6. Seien Sie sicher, dass Sie am Ende dieses Buches ein erlöster, glücklicher Mensch sein werden. Sie werden von einem Zwang befreit sein. Sie werden anfangen können zu leben, wie Sie es immer schon wollten. Und das Schönste: Sie brauchen keine Willenskraft, Sie müssen nicht kämpfen, nicht jetzt und niemals mehr nach dem Lesen des Buches. Sie werden schlicht und ergreifend frei sein. Ich weiß, wovon ich spreche.

7. Akzeptieren Sie, dass tatsächlich alles ganz einfach ist. Egal, was man Ihnen bisher erzählt hat oder was Sie in Ihrem Leben gelernt haben, eines wissen Sie: Alles ist ganz einfach, wenn man es kann. Menschen, die Ihnen erzählen wollen, etwas sei verdammt schwer und für Sie bestimmt nicht zu schaffen, solche Menschen sind gegen Sie. Anstatt sich an Ihre Seite zu stellen und Ihnen zu helfen, versuchen sie ihre eigene Unsicherheit und Unzulänglichkeit zu kaschieren, indem sie anderen erzählen, etwas sei schwierig oder sogar unmöglich. Denken Sie immer an Folgendes: Egal, wie groß oder schwerwiegend Ihr Problem gerade ist: Sie lesen das Buch eines einfachen Menschen, der dieses Problem für sich gelöst hat. Es geht also. Und Sie können das auch. Ganz leicht sogar. Vertrauen Sie mir.

8. Beherzigen Sie stets diese wenigen Dinge. Sollten Sie während des Lesens Angst oder Zweifel bekommen, kehren Sie zum Anfang zurück, und lesen Sie diese Regeln noch einmal. Keine dieser Regeln ist wichtiger als eine andere, und nur, wenn man alle zusammen beherzigt, wird man Erfolg haben. Ein geringer Preis für eine so radikale Änderung Ihres Lebens, wie Sie sie sich wünschen, finden Sie nicht?

Nun wollen wir aber endlich dem Kind einen Namen geben. Lassen Sie uns einen Blick auf das Problem werfen.

Sie sind das, was man neuerdings als «Messie» bezeichnet. Messies sind Menschen, die an bestimmten Punkten ihr Leben nicht so leben können, wie sie es sich eigentlich wünschen, weil sie chaotische Züge aufweisen. Dreh- und Angelpunkt ist dabei die Wohnung des Messies. Sie entspricht nicht dem gesellschaftlichen Standard, weil sie «unordentlich» oder chaotisch ist. Das wäre nicht wirklich ein Problem. Zum Problem wird eine unordentliche, verdreckte, überladene, voll gestopfte Wohnung erst dadurch, dass Sie sich eigentlich einen anderen Zustand wünschen.

Die Schwere des Problems ist dabei unerheblich. Egal, ob Sie nicht in der Lage sind, den Müll zum Container zu bringen, oder ob sich Zeitungen bis unter die Decke in Ihrer Wohnung stapeln oder ob Sie Kakerlaken haben oder ob Sie Lampen sammeln oder ob Sie Papiere sammeln oder ob Sie Ihre Wohnung nicht sauber machen können oder oder oder … – entscheidend ist, dass Sie unter diesem Problem leiden! So leben Sie unter ständigem Druck und mit der Angst, entdeckt zu werden, die Familie zu belasten, dem Vermieter aufzufallen, aufräumen zu müssen.

Kennen Sie das Problem mit dem Heizungsableser? Es ist sozusagen der Klassiker unter den Messiegeschichten. Denn in deutschen Mietwohnungen mit Zentralheizung kommt einmal im Jahr jemand, um den Energieverbrauch an der Heizung abzulesen. Das ist die Zeit der Panik für Messies. Schließlich kann man ja niemanden in die Wohnung lassen. Zu schlimm sieht es dort aus. Simone, eine gute Freundin von mir, ließ mit schöner Regelmäßigkeit den ersten Ablesetermin verstreichen. Schon Wochen vorher, nachdem ihr das Datum mitgeteilt worden war, bekam Simone Angst, konnte nicht mehr richtig schlafen und wusste nicht, wie sie diesen Termin überleben sollte. Den Wohnungsschlüssel den Nachbarn zu geben war natürlich völlig unmöglich. Schließlich sah es bei Simone immer so aus, als sei gerade ein Wirbelsturm durch die Wohnung gebraust und hätte zudem noch ein enorme Anzahl von Pfandflaschen und alten Zeitungen abgeladen. Beim Ersatztermin war Simone meistens anwesend und hatte das Chaos oberflächlich geordnet. Natürlich hatte sie nicht wirklich aufgeräumt, sondern die Unordnung nur notdürftig kaschiert. Irgendwie hatte sie immer das Gefühl, der Heizungsableser könnte in ihrer Seele lesen und würde auch so komisch gucken. Wenn er dann weg war, hätte Simone jedes Mal die Welt umarmen können. Klippe umschifft, Problem gelöst, eine unglaubliche Aufgabe bewältigt. Und das alles, weil ein Dienstleister für zehn Minuten in ihre Wohnung kam und seinen Job machte!

Auch Sie sind Ihrem Chaos hilflos ausgeliefert und wissen keinen Weg heraus. Jegliche Versuche, es in den Griff zu kriegen, sind bisher gescheitert. Es ist einfach zu viel und sowieso nicht zu schaffen. Sie haben schon x-mal Pläne gemacht, haben angefangen, waren aber schnell an dem Punkt, wo die eine Aktion ohne die andere nicht möglich wäre, für die aber wiederum Voraussetzung wäre, dass … kurzum: Es scheint eine endlose Kette zu sein und Ihre Willenskraft einfach nicht auszureichen, zu planen und zu handeln. Also fügen Sie sich immer mehr in Ihr Schicksal, werden dabei immer mut- und hoffnungsloser. Sie geben beinahe auf. Viele Messies geben tatsächlich auf.

Sie aber nicht! Sie fangen gerade an!

Würden Sie sonst dieses Buch lesen? Nein, sicherlich nicht!

Vielleicht fragen Sie sich, woher ich weiß, wie es in Ihnen aussieht. Vielleicht fragen Sie sich auch, warum ich bestimmte Aspekte Ihres Problems nicht genannt habe. Es gibt unzählige Arten und Qualitäten von Messietum. Während der eine unter Sammelwut leidet, kann die andere den Müll nicht hinausbringen. Wieder andere können sich von alten Gegenständen nicht trennen oder verlegen ständig Dinge. Im schlimmsten Fall steht irgendwann der Seuchendienst vor einer total verdreckten Wohnung. Die Quantität und Art Ihres Problems sind dabei nicht entscheidend, denn allen Messies ist dieses gemein: Messies gestalten ihr Leben nicht so, wie sie es sich eigentlich wünschen, unabhängig davon, wie groß ihr Problem im Vergleich mit anderen Messies ist. Messies fühlen sich überfordert und mit ihrem Problem allein gelassen. Messies leiden und sehen keinen Ausweg. Ich weiß, wovon ich spreche.

Kapitel 4

Ich war ein Messie. Schon als Kind konnte ich keine Ordnung halten. Ich entwickelte ganz eigene Systeme und hatte dadurch nie das Problem, Dinge nicht finden zu können. Kein Vorteil übrigens, denn dadurch stellte sich ein Teil des Leidensdrucks, den viele Messies kennen, bei mir nicht ein und hinderte mich, mein Problem zu lösen. Denn ich konnte ja immer sagen: «Klar sieht's bei mir wüst aus, aber ich finde ja immer alles, was ich suche. Kein Problem also.» Ein gemeiner Trugschluss, denn ich fand zwar, was ich unmittelbar zum Leben zu brauchen meinte, aber ich vergaß natürlich, dass ich bestimmte Dinge besaß, die einfach jahrelang irgendwo verschlampt waren.

Doch zurück zur Geschichte: Als ich von zu Hause auszog, begann ein Teil meines Lebens, auf den ich mich schon als kleiner Junge gefreut hatte: Ich konnte endlich selbständig entscheiden und mein Umfeld ganz nach meinen Wünschen gestalten. Aber ich scheiterte schnell, zuerst kaum merklich: Ich packte einfach nicht alle Kartons aus nach dem Umzug in die eigene Wohnung. Dann ließ ich den Abwasch stehen. Ich hatte Besseres zu tun und konnte ihn ja später machen. Dann räumte ich Dinge nicht mehr an die ihnen zugewiesenen Plätze. Die Wäsche stapelte sich mitten auf dem Boden. Dadurch hatte ich Motten in der Wohnung. Zudem lagen überall auf dem Boden Gegenstände herum, die ich demnächst gebrauchen würde. Sie staubten voll und wurden von weiteren Dingen bedeckt. Als Jäger und Sammler schaffte ich zudem ständig neue Dinge an.

Wegschmeißen konnte ich nichts. Ich hatte große Pläne, wollte selbst definitiv kaputte Gegenstände irgendwann einmal einsetzen. So behielt ich jahrelang einen genau in der Mitte zerbrochenen Teller, weil ich fest davon überzeugt war, genau so einen Teller irgendwann für einen Sketch gebrauchen zu können. Natürlich habe ich diesen Sketch bis heute nicht geschrieben. Damals kam ich nicht auf die Idee, dass man einen Teller den Bedürfnissen entsprechend jederzeit präparieren könnte. Wenn der Zeitpunkt käme. Stattdessen bewahrte ich diesen Teller und noch tausend weitere kaputte Dinge auf. Als hätte ich Angst, irgendwann einmal auf dem Trockenen zu sitzen.

In der Wohnung hatte ich mir Gänge geschaffen, durch die ich in die jeweiligen Räume gelangte. Das Badezimmer wurde immer schmutziger. Die Wände fingen an zu schimmeln, und der Putz blätterte ab. Ich lebte insgesamt neun Jahre in dieser Wohnung. Während ich anfänglich noch Besuch empfangen und mit unkontrollierten Aufräumaktionen das Gröbste kaschieren konnte, änderte sich das später völlig. Mein soziales Leben spielte sich komplett außerhalb meiner eigenen vier Wände ab. Es trat sogar mehrfach die absurde Situation ein, dass meine jeweiligen Partnerinnen niemals meine Wohnung zu Gesicht bekamen. Ich hielt mich einfach ständig bei ihnen auf. Dass keine dieser Partnerschaften lange hielt, hatte natürlich zum großen Teil auch damit zu tun.

Nachdem ich bereits acht Jahre in dieser Wohnung gelebt hatte, starb mein Vater. Ich erbte weitere Gegenstände und einen Mietvertrag. Leider waren weder meine noch seine Wohnung groß genug, um alle Möbel und den restlichen Kram unterzubringen. So lebte ich über ein Jahr mit zwei Wohnungen. Natürlich fühlte ich mich in keiner der beiden Wohnungen wohl. Meine eigene war ein unbewohnbares Chaos und die meines Vaters eben nicht meine eigene.

Ich mietete dann eine Wohnung, die groß genug war und zudem dem entsprach, was ich mir immer gewünscht hatte: Altbau, Holzfußboden, viel Platz, große Wände für meine ganzen Bilder. Ich nahm mir vor, nun alles zu ändern. Ich würde von Anfang an Ordnung halten, immer sauber machen, kurz: endlich so leben, wie ich es mir immer gewünscht hatte. Die Wirklichkeit sah anders aus, das Ganze begann von vorne. Die Wohnung stand ein weiteres Jahr leer, bis ich es schaffte, sie renovieren zu lassen. Die Umzüge schaffte ich irgendwie. Aber ich lebte auch in der neuen Wohnung im Chaos. Wieder packte ich Kartons nicht aus, wieder waren Bad und Küche binnen kürzester Zeit verdreckt, wieder hatte ich keinerlei soziales Leben innerhalb meiner eigenen vier Wände, wieder kannten Partnerinnen meine Wohnung nicht. Wenn es mir «gut» ging, störte mich diese Situation nicht, obwohl ich innerlich resigniert hatte. Das machte sich immer dann bemerkbar, wenn es mir schlecht ging. Dann war ich mit meinem ganzen Leben überfordert.

Nach außen hin funktionierte ich gut, aber glücklich konnte ich so nicht werden. Ich hatte schließlich immer ganz genaue Vorstellungen, wie ich gerne wohnen wollte. Ich wusste genau, was ich brauchte, um mich wohl zu fühlen. Ich hatte sogar Bilder vor Augen, wie meine Wohnung auszusehen hätte. Und ich beneidete Menschen wie meinen Bruder, die sich selbst als «Wohner» bezeichneten. Ich wäre auch gerne eine Wohner gewesen. Aber es ging nicht. Ich konnte einfach nicht wohnen. Stattdessen verlegte ich meine gesamten Aktivitäten nach außen. Ich war viel unterwegs, arbeitete viel, traf mich an sechs Abenden in der Woche mit Freunden, ging auf Konzerte, machte tausend tolle Dinge. Aber das, was ich mir immer gewünscht hatte, nämlich schön zu wohnen, das tat ich nicht.

Bis ich eines Tages einen Bericht im Fernsehen über einen Messie sah, bei dem noch nicht der Seuchendienst vor der Tür stand. Ein «minder schwerer» Fall also. Ich erkannte mich wieder und konnte dem Zustand zum ersten Mal einen Namen geben.

Ich beschloss, mein Leben zu ändern. Zwar hatte ich keine Ahnung, wie. Aber der Entschluss stand fest. Ich gab mir Zeit bis zum Ende des Jahres, die Initiative zu ergreifen. Noch vor Ablauf der Frist las ich in einem Zeitungsartikel über Selbsthilfegruppen für Messies. Ich besuchte dann über ein Jahr eine Selbsthilfegruppe der «Anonymen Messies». Aber die entscheidende Erkenntnis, der Moment der Heilung, die Erlösung und das Ende meines Daseins als Messie kamen wie aus heiterem Himmel. Und zwar nicht durch die «Anonymen Messies», sondern trotz der «Anonymen Messies». Das klingt paradox, ist es aber nicht. Was war passiert? Ganz einfach: Durch eine kleine Veränderung des Blickwinkels kam die Erkenntnis. Ich begriff, dass alles, was ich als Freiheit und Vorteil meiner Lebensführung begriffen hatte, dass alle Gründe, die ich mir für mein Chaos und die Unmöglichkeit seiner Beseitigung zurechtgelegt hatte – dass all dieses ein gemeiner Selbstbetrug war und zum genauen Gegenteil dessen führte, was ich eigentlich wollte: ein freier, gut gelaunter, kreativer Mensch sein, der sich an Dingen erfreuen und ein erfülltes Leben führen kann. In dem Moment, wo ich dies erkannte, veränderte sich mein Leben schlagartig. Es geschah buchstäblich von einer Sekunde auf die andere. Und deshalb weiß ich genau, dass jeder Messie sein Dasein ändern kann. Man braucht dazu nichts, außer dem Wunsch, so nicht weiterzuleben. Das genügt!

Ein wichtiger Punkt, aber in ganz anderer Hinsicht, als Sie vielleicht denken mögen. Während meiner Zugehörigkeit zu den «Anonymen Messies» lernte ich Menschen kennen, deren einziges Bestreben es war, herauszufinden, warum sie Messies waren. Jede Erklärung schien eine Erleichterung zu sein und ihnen endlich die Möglichkeit zu geben, ihr Problem zu lösen. Zum Beispiel Carmen, eine reizende Frau um die fünfzig, warmherzig, humorvoll, intelligent und mit einer einmaligen Pfiffigkeit gesegnet. Carmen erzählte mit Charme und Witz von den kleinen Tücken des Alltags. Zum Beispiel vom unvermeidlichen, uns wohl bekannten Heizungsableser, für den schnell Bettlaken über das Chaos gedeckt wurden und der trotzdem so seltsam guckte. Oder von ihrer Freundin Luise, die unangemeldet vor der Tür stand und mit viel Überredungskunst dazu gebracht werden musste, einem Besuch im nahe gelegenen Café zuzustimmen. Es war offensichtlich, dass Carmen sehr unter dem Druck litt, den das Messie-Dasein einem bereitet. Carmen setzte unglaublich viel Energie in das Ziel, herauszufinden, warum sie Messie war. Fast jede Woche kam sie mit einem neuen Grund. Mal las sie etwas über eine Fehlfunktion des Gehirns, ein anderes Mal schien der Grund in der Vergangenheit zu liegen. Und jedes Mal strahlte Carmen eine unglaubliche Zuversicht aus, ihr Chaos nun endlich in den Griff bekommen zu können.

Wie weit, glauben Sie, ist Carmen bei der Lösung ihres Problems gekommen? Richtig: Sie kam nirgendwohin!

Vergessen Sie einfach diese Frage. **Es ist völlig egal, warum Sie Messie sind!**

Belasten Sie sich nicht mit Ursachenforschung. Es reicht, dass Sie erkannt haben, dass Sie ein Messie sind. Der Grund ist absolut unwichtig. Stellen Sie sich vor, Sie seien ein Messie geworden, weil Ihre Mutter immer verlangte, dass alles nahezu steril zu sein hatte. Oder weil Ihr Vater das ganze Haus mit seiner Sammlung von technischen Geräten zustellte. Oder weil Ihnen nie jemand beibrachte, wie man aufräumt. Oder weil Ihre Eltern geschieden sind und sich nie um Sie gekümmert haben. Oder weil in Ihrer Familie Suchtverhalten an der Tagesordnung war. Oder weil Ihr Vater immer zu viel von Ihnen verlangte. Oder weil Sie nicht geliebt wurden. Oder oder oder … – Sie kennen sicherlich solche oder ähnliche Dinge aus Ihrem Leben.

Ich will Ihnen kurz die Geschichte von Jens erzählen. Jens habe ich ebenfalls in der Selbsthilfegruppe der Anonymen Messies kennen gelernt. Er ist ein sehr netter Mensch, der darunter litt, dass er zwanghaft Bücher kaufte. Zudem war seine Wohnung nach seinen eigenen Schilderungen das reinste Chaos. Jens fiel auf durch so klare Sätze wie: «Ich habe entdeckt, dass man beim Aufräumen nicht lange nachdenken darf. Man muss es einfach tun.» Kurz: Es war immer angenehm, Jens zuzuhören. Im Laufe der Sitzungen stellte sich nun heraus, dass Jens offensichtlich sehr unter seinem autoritären Vater litt, der ständig Leistung von ihm forderte und dennoch nie zufrieden war. Jens hatte unter anderem panische Angst, seinen Vater in die Wohnung zu lassen. Ihm war klar, dass dieser Druck zu einer Art Lähmung führte, die ihn nahezu handlungsunfähig machte. Jens *wusste* also ganz klar, dass sein Messie-Dasein etwas mit seinem Verhältnis zu seinem Vater zu tun hatte. Genützt hat Jens dieses Wissen nichts.

Was würde Ihnen die Erkenntnis nützen, dass Ihr Messie-Dasein mit Dingen aus der Vergangenheit zusammenhängt?

Machen wir uns nichts vor, es würde Ihnen nichts nützen! Warum? Weil Sie jetzt und heute die Verantwortung für sich haben. Sie sind jetzt am Drücker, Sie handeln für sich. Sollte Ihnen das nicht möglich sein aus Gründen, die in der Vergangenheit liegen, dann arbeiten Sie daran (siehe Kapitel 6). Aber für Ihr Messie-Dasein gilt ganz klar:

Sie sind ein Messie, und Sie wollen keiner mehr sein.

Punkt!

Sie haben noch einen Haufen anderer Probleme? Sie fühlen sich ungeliebt? Sie haben ein gespanntes Verhältnis zu Ihren Eltern? Sie mögen sich selbst nicht? Sie können sich nichts gönnen? Sie fühlen sich wertlos? Sie haben ernsthafte psychische Probleme? Sie denken, dass Sie nur dann liebenswert sind, wenn Sie etwas leisten bzw. gut machen? Sie haben ständig das Gefühl, dass man Sie anders haben will, als Sie sind? Sie sind psychisch und/oder physisch missbraucht worden? Ihr Perfektionismus hindert Sie daran, Dinge zu erledigen? Sie sind depressiv? Sie leiden unter Kaufsucht und haben finanzielle Probleme? Sie gehören zu den Menschen, die unter einem Kontrollzwang leiden?

Dann sollten Sie alles tun, um diese wirklich ernsten Probleme zu lösen. Holen Sie sich Hilfe von Fachleuten, reden Sie mit Psychologen und Therapeuten, gehen Sie zur Schuldnerberatung. Nehmen Sie diese Probleme ernst, und tun Sie so viel dagegen, wie Sie können.

Diese Probleme müssen unbedingt gelöst werden, damit Sie ein glücklicher Mensch werden können. Tun Sie das alles nicht ab, handeln Sie!

Aber seien Sie sicher: Diese Probleme hindern Sie nicht daran, Ihr Dasein als Messie zu beenden! Lösen Sie diese Probleme komplett von Ihrem Dasein als Messie ab. Sie denken, dass das nicht geht?

Lassen Sie mich kurz von meiner Freundin Beate erzählen. Beate ist ein Messie. Als ich mit ihr über dieses Buch redete und genau diesen Punkt ansprach, sah ich, wie sich zwischen ihren Augenbrauen diese steile Falte aufstellte, die ich an Beate so gerne mag. Diese Falte ist ein untrügliches Zeichen für massive Skepsis. Beate war fest davon überzeugt, dass alles zusammenhängt und eine Loslösung von ihren aus der Vergangenheit begründeten Mechanismen und psychischen Problemen nicht möglich sei. Das rührte daher, dass Beate schon Therapien gemacht hatte und insofern daran gewöhnt war, Dinge eben nicht von der Vergangenheit loszulösen. Außerdem war Beate skeptisch, weil sie einfach nicht glauben mochte, dass das Messie-Problem ganz einfach zu lösen war. Es war unglaublich schwierig, ihr auch nur den Satz zu entlocken: «Okay, ich nehme einfach mal an, dass ich mein Messie-Dasein unabhängig von anderen Problemen beenden kann.» Aber diesen Satz auszusprechen war enorm wichtig für sie. Dadurch begann Beate, von all ihren Ängsten und Argumenten, die sie daran hinderten, kein Messie mehr zu sein, abzulassen. Es war der Anfang vom Ende von Beates Messie-Dasein, denn sie konnte sich endlich auf sich und ihre Wünsche konzentrieren. Sie war nicht mehr gefangen in der Ursachenforschung und der Komplexität von vermeintlichen Zusammenhängen.

Nehmen Sie also einfach mal dieses hin: Es ist egal, wer Sie sind, woher Sie kommen, was man Ihnen angetan hat oder Sie sich selbst angetan haben. Sie müssen nur eines wirklich wollen: das Ende Ihres bisherigen chaotischen Lebens. Wenn Sie aus vollem Herzen sagen: «Ja, ich will kein Messie mehr sein», dann werden Sie kein Messie mehr sein. Und es wird Ihnen so viel Spaß bereiten wie noch nichts in Ihrem Leben bisher. Sie werden eine ungeahnte Erleichterung verspüren. Lesen Sie weiter.

Sie bekommen gerade ein mulmiges Gefühl, nicht wahr? Irgendwo ganz tief drinnen hat etwas «klack» gemacht, und nun rattert es in Ihnen los. Sie machen sich Gedanken, was diese bahnbrechende Veränderung in Ihrem Leben bedeuten könnte, und sehen sofort alle möglichen Folgen und Aufgaben. Sie sehen den Berg an Arbeit, der auf Sie zukommen könnte, Sie sehen eine Menge von Entscheidungen, die Sie treffen müssten. Sie sehen geliebte Gegenstände aus Ihrem Leben verschwinden, Sie sehen vielleicht sogar eine große Leere bedrohlich auf sich zukommen.

Aber keine Angst, nichts von dem, was Sie jetzt vor Augen haben, wird Wirklichkeit werden. Das genaue Gegenteil wird passieren!

Jetzt ist der Zeitpunkt gekommen, die acht Regeln noch einmal ganz sorgfältig zu lesen. Wehren Sie sich nicht, tun Sie es einfach. Überlegen Sie sich kurz Folgendes:

Fragen Sie sich, ob Sie Ihre Wohnung freiwillig nochmals in den jetzigen Zustand versetzen würden, wenn Sie von vorne anfangen könnten. Wenn die Antwort lautet:

«Nein, auf keinen Fall!»,

dann lesen Sie die acht Regeln.

Sollten Sie keine Angst bekommen haben, lesen Sie die acht Regeln trotzdem. Es wird für Sie von Nutzen sein.

Kapitel 8

Warum räumen wir nicht einfach auf?

Es gibt eine Unmenge von Gründen, warum ein Messie nicht aufräumt, wegwirft, «klar Schiff» macht. Dazu gehören Gedanken wie:

- «Ich brauche das alles»;
- «Ich könnte das eines Tages noch gebrauchen»;
- «Es ist zu viel Arbeit. Ich schaffe das nicht»;
- «Es ist ja alles gar nicht so schlimm»;
- «Ich kann doch all die schönen Erinnerungsstücke nicht wegwerfen»;
- «Es lohnt sich ja gar nicht, für ein paar Flaschen zum Container zu gehen»;
- «Für die paar Teller mache ich keinen Abwasch»;
- «Ich mache das nachher, später, morgen, sonstwann»;
- «Ich weiß nicht, wo ich anfangen soll»;
- «Mein Leben wird leer, wenn ich die Dinge weggebe»;
- «Der Zeitpunkt zum Aufräumen ist noch nicht gekommen»;
- «Ich verliere meine Kreativität, wenn ich mein Leben ändere»;
- «Meine Willenskraft reicht doch nicht aus, um etwas zu verändern»;
- «Ich lass mir doch von niemandem vorschreiben, wie ordentlich es bei mir zu sein hat»;
- «Ich umgebe mich doch nur mit den Dingen, die ich liebe und brauche»;
- «Ich sehe die Unordnung einfach nicht»;
- «Ich treffe mich sowieso lieber auswärts mit Freunden»;
- «Es ist für mich ein Zeichen von Freiheit, so zu leben, wie ich es tue.»

Man wird noch unzählige weitere «Gründe» finden. Messies sind sehr erfinderisch, wenn es darum geht, das eigene Chaos zu verteidigen.

Jeder einzelne dieser Gründe ist jedoch ein gemeiner Selbstbetrug. Es gibt nur einen einzigen Grund, der uns davon abhält, unser Leben zu verändern: **Angst**. Angst, überfordert zu sein. Angst, zu versagen. Angst, etwas zu verlieren. Ich habe unzählige Male den Versuch gemacht, mein Chaos zu beseitigen. Ich ging widerwillig an die Arbeit und fühlte mich nach kürzester Zeit nicht mehr in der Lage weiterzumachen. Ich *fühlte* mich überfordert und *war* dadurch auch überfordert. Also gab ich auf. Ich dachte: Ach, was soll's, ist ja sowieso egal. Oder: Ich schaff's einfach nicht, es macht mich noch wahnsinnig! Ich erkannte Folgendes nicht: Wir können nur eines, wenn wir unser Leben ändern: gewinnen. Nichts, aber auch gar nichts spricht dafür, weiterhin so ein armseliges Leben zu führen wie bisher. Alles spricht dafür, das Leben zu ändern. Vertrauen Sie mir: Sie werden absolut nichts verlieren, niemand wird von Ihnen etwas fordern. Im Gegenteil: Sie werden befreit, Sie werden gewinnen, Sie werden endlich genießen, was Sie bisher nur gehortet haben. Und Sie werden keinesfalls gezwungen, etwas wegzuschmeißen, etwas aufzuräumen. Alles, was Sie tun, ist Ihre persönliche Entscheidung, und Sie werden es sehr gerne tun. Freuen Sie sich auf Ihre Entscheidung, kein Messie mehr zu sein!

Kapitel 9

Der Vorteil des Messie-Daseins

Lassen Sie mich Ihnen eine Frage stellen: Was bringt Ihnen Ihr Dasein als Messie? Was sind die Vorteile Ihres Daseins im Vergleich zum Leben eines Nicht-Messies?

Nehmen Sie sich ein wenig Zeit, denken Sie in Ruhe nach, und schreiben Sie sich diese Vorteile auf.

Sie haben etwas aufgeschrieben? Gut. Ich werde Ihnen im Laufe dieses Buches zeigen, dass diese vermeintlichen Vorteile keine sind.

Sie haben nichts aufgeschrieben?

Zu viel Arbeit? Gut, dann denken Sie mal eben nach, seien Sie absolut ehrlich, und sagen Sie einfach nur einen Vorteil des Messie-Daseins laut vor sich hin. Nur einen einzigen.

Bleiben Sie stumm? Sicherlich haben Sie dafür Gründe.

Vielleicht haben Sie ja aber auch nichts aufgeschrieben oder nichts gesagt, weil Sie es schon genau wissen: Es gibt nur einen einzigen Vorteil des Messie-Daseins gegenüber dem Leben als Nicht-Messie:

keinen!!!

Erstaunt? Eigentlich nicht, nicht wahr? Denn wenn Sie wüssten, dass das Messie-Dasein dem Leben eines Nicht-Messies vorzuziehen wäre, dann würden Sie Ihr Leben überzeugt leben und nicht dieses Buch lesen. Lassen Sie uns also festhalten: **Das Messie-Dasein bietet keine Vorteile.** Alle vermeintlichen Vorteile eines Messie-Lebens beruhen auf Selbstbetrug.

Kapitel 10

38 *Eine erste Entscheidung*

Wir kommen jetzt an den Punkt, an dem Sie eine Entscheidung treffen sollten. Sie sollten sich jetzt dafür oder dagegen entscheiden, ein Messie zu sein. Egal, ob Sie sagen: «Ja, ich will Messie sein», oder: «Nein, ich will kein Messie mehr sein» – Sie können Ihre Entscheidung zu jedem Zeitpunkt Ihres Lebens ändern. Sollten Sie sich jetzt dafür entscheiden, künftig ein ordentliches, aufgeräumtes Leben zu führen, dann können Sie sich in einem Monat immer noch anders entscheiden und alles wieder durcheinander bringen. Sollten Sie sich dazu entschließen, weiterhin im Chaos zu leben, dann können Sie das Buch jetzt zur Seite legen und es wieder hervorholen, wenn Sie sich irgendwann neu entscheiden sollten. Also: Stellen Sie sich hin, holen Sie tief Luft, und sagen Sie jetzt laut:

«Ja, ich will ein Messie sein!»

Erfreuen Sie sich am Zustand Ihrer Wohnung. Sie haben sich frei und ungezwungen dazu entschlossen, genauso weiterzuleben wie bisher. Genießen Sie es, es war Ihre freie Entscheidung. Können Sie es genießen? Wirklich? Dann ist es gut so. Legen Sie das Buch beiseite, Sie brauchen es nicht mehr.

Oder stellen Sie sich hin, holen Sie tief Luft, und sagen Sie jetzt laut und kräftig:

«Nein, ich will kein Messie mehr sein. Ich will zukünftig normal und frei als Nicht-Messie leben!»

Dann lesen Sie einfach weiter. Ich werde jetzt damit anfangen, Ihnen zu zeigen, dass sämtliche in Ihrem Hinterkopf hämmernden Ängste und Zweifel unbegründet sind. Es ist nämlich in Wirklichkeit ganz leicht. Ich erwähnte das schon, nicht wahr?

Kapitel 11

Die Selbsthilfegruppen der Anonymen Messies und ihr großes Missverständnis

Über ein Jahr war ich Mitglied einer Selbsthilfegruppe, der Anonymen Messies. Das war anfänglich eine sehr gute Erfahrung. Ich merkte, dass ich mit meinem Problem nicht alleine dastand. Ich sah, dass es anderen Menschen genauso ging wie mir. Ich lernte, offen und ohne Scheu über mein Problem zu sprechen und mich dazu zu bekennen. Und ich lernte, diszipliniert zuzuhören und andere sprechen zu lassen, ohne zu allem meinen Senf dazugeben zu müssen. Denn die Anonymen Messies arbeiten nach sehr strengen Regeln. Man hat eine bestimmte Redezeit, die nicht überschritten werden darf. Man hört anderen zu, ohne seine eigene Meinung zu sagen. Man gibt keine Ratschläge. Man lässt jeden so sein, wie er oder sie ist. Man lernt, indem man anderen einfach nur zuhört. Das trägt zur Charakterbildung bei.

Zudem ist es eine unglaubliche Erleichterung, festzustellen, dass es Menschen gibt, die einen verstehen. Denen es genauso geht. Die nicht solche Sachen sagen wie: «Mensch, dann räum doch einfach mal auf.» Oder: «Also, ich kapier das nicht, wie kann man in so einem Loch hausen.» Die Selbsthilfegruppen der Anonymen Messies sind ein Ort, an dem man sich als Messie aufgehoben und geborgen fühlen kann und an dem man versucht, am eigenen Problem zu arbeiten.

Und doch muss ich sagen: Dass ich kein Messie mehr bin, habe ich nicht der Selbsthilfegruppe zu verdanken. Im Gegenteil: Ich habe es *trotz* der Selbsthilfegruppe geschafft, kein Messie mehr zu sein. Das klingt hart, und ich möchte ganz klarstellen, dass ich keinem der netten und großartigen Menschen, die ich dort kennen gelernt habe, einen Vorwurf mache. Es lag nicht an den Menschen, sondern am System.

Die Anonymen Messies arbeiten nach dem gleichen Prinzip wie die Anonymen Alkoholiker. Es gibt ein 12-Schritte-Programm, das einem helfen soll, sein Messie-Dasein zu bekämpfen und in den Griff zu bekommen. Und genau hier liegt der Knackpunkt: Die Anonymen Messies gehen davon aus, dass man Messie ist und für immer bleibt. Soll heißen, dass man Zeit seines Lebens mit seinem Messie-Dasein zu tun hat und ständig um Ordnung und Struktur kämpfen muss. Was für ein schreckliches Schicksal! Stellen Sie sich einmal vor, Sie müssten bis an Ihr Lebensende kämpfen und daran arbeiten, Ihre gewünschte Ordnung zu halten. Allein der ständige Druck, unter dem Sie stünden, und immer schwebte das Damokles-Schwert des Versagens über Ihrem Haupt! Fürchterlich!

Und hier liegt der einzige und große Fehler der Anonymen Messies. Sie sagen: «Einmal Messie, immer Messie», und kommen gar nicht auf die Idee, dass man auch Nicht-Messie sein kann. Das ist tatsächlich der große Unterschied zwischen dem, was Sie hier lesen, und den Anonymen Messies. **Sie wissen bereits, dass Sie sich entscheiden können, wie Sie leben wollen.** Die Anonymen Messies berauben sich unwissentlich dieser Entscheidungsfreiheit, weil sie sich selbst so klein machen, dass sie noch nicht mal auf die Idee kommen, dass es diese Möglichkeit gibt. Und aus diesem Grunde sage ich, dass ich nicht wegen, sondern trotz meiner Zugehörigkeit zur Selbsthilfegruppe kein Messie mehr bin.

Kapitel 12

Messie-Literatur: Die Verwaltung des Problems

Obwohl unser Problem noch nicht lange mit dem Begriff «Messie» bezeichnet wird, gibt es schon eine ganze Armada von Büchern, die uns helfen sollen, es zu lösen. Das reicht von Tipps zum Aufräumen in unterschiedlichster Quantität und Qualität über semipsychologische Darlegungen bis zu umfassenden Trainingsprogrammen und mannigfaltigen Erklärungen, warum wir wurden, was wir sind. Und doch bewirken diese Bücher nur eines: Man fühlt sich verstanden. Aber all diese Tipps und Tricks funktionieren nicht, weil sie ausschließlich eines tun: Sie helfen bei der Verwaltung des Problems. Ein Problem soll jedoch nicht verwaltet werden. Es soll gelöst werden.

Wenn das Anlegen und Ausdenken von Ordnungssystemen einem Messie helfen würde, dann gäbe es keine Messies. Bei den Anonymen Messies lernte ich Gernot kennen. Gernot litt unter Informationssammelwut. Er sammelte alles, was ihm bestimmte Informationen in Bezug auf Wissenschaft und Technik versprach. Eines Tages kam er sehr stolz in die Gruppe und erzählte von seiner Entdeckung, dass es farbige Ablagesysteme zu kaufen gab. Für ihn war klar: Mit diesen Systemen würde er nun endlich sein Chaos in den Griff bekommen. Natürlich änderte sich für Gernot überhaupt nichts, denn sein Problem bestand nicht darin, dass er das richtige Ordnungssystem bisher nicht gefunden hatte. Sein Problem bestand darin, dass er bis dato nicht erkannt hatte, dass alle seine «Argumente» für seine Sammelwut Selbstbetrug waren und diese Variante des Messietums für ihn keinen einzigen Vorteil, sondern nur Nachteile besaß.

Oder nehmen wir Margot: Margot war Lehrerin und eine sehr strenge Person. Sie war vor allem streng gegen sich selbst. Margot versuchte zu lernen, wie man aufräumt. Immer wenn in einem Buch ein neuer Tipp zum Aufräumen geliefert wurde, dann probierte Margot ihn aus und schien einen großen Schritt weitergekommen zu sein. In Wirklichkeit änderte sich natürlich gar nichts, denn Margots Problem bestand nicht darin, dass sie nicht wusste, wie man aufräumt. Ihr Problem bestand vielmehr darin, dass sie sich von außen gedrängt fühlte, aufzuräumen, sich und ihre eigenen Wünsche aber außer Acht ließ. Sie kam nicht auf die Idee, sich zu fragen, ob sie überhaupt ein Messie sein wollte. Sie dachte, sie sei nun einmal ein Messie und müsse daher kämpfen, um ihr Problem zu lösen. Praktische Tipps aus Büchern schienen für sie als Lehrerin das Greifbarste und Sinnvollste zu sein.

Dabei übersehen doch all diese Bücher Folgendes: Ein Messie zu sein ist kein unabänderliches Schicksal. Man muss nicht ständig neue Methoden entwickeln, um das eigene Messie-Dasein in den Griff zu bekommen und zu verwalten. Man kann seine eigene Entscheidung treffen und bestimmen, wie man leben will. Wenn Sie sich dafür entscheiden, kein Messie mehr zu sein, dann brauchen Sie keine Tipps, wie Sie am besten aufräumen. Warum? Weil Sie aufräumen *wollen*. Weil Sie es gar nicht erwarten können, bis Sie endlich anfangen dürfen, aufzuräumen. Sie werden es einfach tun. Vergessen Sie alle, die Ihnen erzählen wollen, wie man als Messie seinen Alltag organisiert! Entscheiden Sie sich, wie Sie leben wollen, und Sie brauchen all diese Verwalter Ihres Problems und Tipp-Geber nicht mehr. Sie handeln automatisch, frei, ohne Zwang und mit einem zufriedenen, selbstverständlichen Gefühl!

Sie müssen sich nur dazu entschließen. Sagen Sie einfach: «Nein, ich will wirklich kein Messie mehr sein!» Tun Sie es!

Kapitel 13

Schluss mit dem gemeinen Selbstbetrug

Wie ich schon mehrfach wiederholt habe, gibt es keinen einzigen Grund, Messie zu sein, außer diesem: Sie wollen es sein. Dann allerdings ist es Ihre eigene Entscheidung, und ich will nichts dagegen einwenden. Sollten Sie aber die Frage

«Wenn ich von vorne anfangen könnte, würde ich meine Wohnung freiwillig nochmals in den jetzigen Zustand versetzen?»

mit

«Nein, auf keinen Fall, was für ein absurder Gedanke!»

beantworten, dann lassen Sie uns zusammen aufräumen mit jedem Selbstbetrug. In den folgenden Kapiteln gebe ich Ihnen Beispiele, wie dieser Selbstbetrug ihr Handeln behindert. Wir werden jegliches «Argument» entlarven als Kaschierung Ihrer Angst, zu versagen.

Und wissen Sie was? Sie können gar nicht versagen. Warum sollten Sie versagen? Haben Sie schon jemals dabei versagt, ein Stück Torte zu essen? Haben Sie jemals dabei versagt, einen Kaffee oder Tee zu trinken? Haben Sie jemals dabei versagt, Ihre Lieblingssendung im Fernsehen zu sehen? Haben Sie jemals dabei versagt, in ein Lokal Ihrer Wahl zu gehen? Wohl kaum. Weil Sie diese Dinge tun wollten! Räumen wir auf, machen wir Schluss mit einem gemeinen Mechanismus, der Sie davon abhält, Ihr Leben selbstbestimmt zu leben. Verändern wir gemeinsam Ihren Standpunkt. Lassen Sie uns zusammen erkennen, dass alles ganz einfach geht!

Kapitel 14

Die «Ich brauche das alles»-Haltung

Viele Messies können nichts wegwerfen oder weggeben, weil sie sagen: «Ich brauche das alles.» Natürlich haben sie nicht die leiseste Ahnung, wann sie diese Gegenstände gebrauchen wollen und wofür. Sie haben einfach nur Angst, etwas wegzuwerfen, weil sie sich davor fürchten, es könnte ihnen irgendwann fehlen, wenn sie es gerade am dringendsten brauchen. Überrascht es Sie, wenn ich Ihnen sage, dass diese Leute die Dinge genau dann, wenn sie sie wirklich dringend brauchen, in ihrem Chaos gar nicht finden und neu kaufen? Natürlich überrascht es Sie nicht, Sie kennen das ja.

Ich will Ihnen eine kleine Geschichte erzählen. Ich habe einen Lieblingssessel, neben dem ein kleines Ablagetischchen steht. Jahrelang, und ich übertreibe nicht, jahrelang lag auf diesem Tisch ein Heft mit den Namen und Daten sämtlicher Fußball-Bundesligaspieler seit Gründung der Liga im Jahr 1963. Ich wusste, dass ich dieses Heft irgendwann gebrauchen könnte. Als ich noch Messie war, also die Entscheidung, kein Messie mehr zu sein, noch nicht getroffen hatte, überwand ich mich und tat besagtes Heft zum Altpapier. Ich dachte mir, wenn ich jemals diese Liste brauchen sollte, würde ich sie sicher im Internet finden. Das war 1999. Raten Sie mal, wie oft ich dieses Heft vermisst habe? Richtig: überhaupt nicht. Ich habe noch nicht einmal im Internet nach solch einer Liste gesucht. Aber ich denke immer wieder mit Freuden an diesen kleinen Moment des geglückten Versuchs, etwas wegzuwerfen. Als ich mich dann entschlossen hatte, kein Messie mehr zu sein, ging die Sache sowieso wie von selbst. Denn ich wusste auf einmal, was ich noch besitzen und genießen wollte und was nur noch Ballast war.

Sie haben es sogar noch besser als ich. Sie müssen keinerlei Versuche machen. Sie brauchen nicht das Risiko einzugehen, etwas Falsches wegzuwerfen. Sie brauchen nämlich überhaupt nichts wegzuwerfen. Sie können alles behalten. Alles, was sie brauchen, alles, was sie behalten wollen. Niemand zwingt Sie, irgendetwas wegzuwerfen, niemand verlangt das von Ihnen. Sie entscheiden ganz alleine und völlig frei, was Sie brauchen.

Haben Sie Ihre ganze Wohnung voller alter Zeitungen, weil Sie da noch etwas ausschneiden wollen? Dann schneiden Sie es aus, und freuen Sie sich daran!

Haben Sie alte Fernseher oder andere technische Geräte, weil Sie sie reparieren oder ausschlachten wollen? Dann tun Sie das, und freuen Sie sich daran!

Haben Sie enorme Bestände an alten Büchern, weil Sie die irgendwann nochmal lesen wollen? Dann lesen Sie sie, und freuen Sie sich daran!

Haben Sie eine Menge Kleidungsstücke, die Sie schon immer mal anziehen wollten? Dann fangen Sie sofort damit an, Dinge aus Ihrem Kleiderschrank «ganz hinten» anzuziehen.

Fangen Sie sofort damit an, diese Dinge zu tun.

Wenn Sie sich dazu entschlossen haben, kein Messie-Dasein mehr zu führen, Sie aber genau diese oder andere Dinge unbedingt brauchen, dann behalten Sie sie. Nutzen Sie diese Dinge, und freuen Sie sich daran. Sie werden es können. Denn wenn Sie kein Messie mehr sind, werden Sie sich automatisch von den Dingen trennen, die Sie nicht mehr brauchen. Wenn Sie sich also dazu entschlossen haben, ein anderes, befreites, neues Leben zu führen, dann denken Sie einfach mal kurz darüber nach, was Sie von Ihren angesammelten Gegenständen noch brauchen. Und was Sie wann damit tun wollen. Und welche Dinge, die Sie tun wollen, ein Vergnügen für Sie sind. Und welche Tätigkeiten Sie eigentlich nur belasten. Nehmen wir mal an, dass Sie ein paar Zeitschriften gesammelt haben, weil dort interessante Artikel drinstehen, die Sie gerne ausschneiden wollen. Freuen Sie sich darauf, diese Artikel auszuschneiden? Oder würden Sie sich wohler fühlen, wenn Sie das nicht tun müssten?

Sollte Letzeres Ihre Antwort sein, dann dürfen Sie aufatmen: Sie müssen überhaupt nichts. Sie können diese Zeitungen wegwerfen und komplett darauf verzichten, irgendetwas daraus auszuschneiden. Niemand verlangt das von Ihnen, außer Sie selbst. Also können Sie sich auch selbst von dieser Aufgabe befreien. Sie haben die Wahl!

Sie werden sehr schnell, schneller, als Sie es sich jemals haben träumen lassen, die richtigen Entscheidungen für sich treffen! Und das, was Sie nicht mehr haben wollen, schmeißen Sie weg. Einfach so, denn Sie wollen es ja nicht mehr haben. Haben Sie jemals etwas aufbewahrt, was Sie nicht haben wollten? Sicher nicht. Messies bewahren nur Dinge auf, die sie behalten wollen. Nicht-Messies auch! Also nochmal: Entscheiden Sie sich, wie Sie leben wollen, und entscheiden Sie, was Sie behalten wollen. Aber behalten Sie nur Dinge, mit denen Sie etwas tun wollen. Und tun Sie es sofort. Dann werden Sie viel Spaß an Ihren Gegenständen haben. Und so soll es ja schließlich auch sein mit Besitz. Man soll ihn befreit genießen und nicht als Belastung empfinden.

Kapitel 15

Die «Ich gönne mir nichts»-Haltung

Messies neigen dazu, zu glauben, sie würden sich selbst nichts gönnen. Deshalb sei es bei ihnen chaotisch und hässlich, dreckig oder voll gerummelt. Auch in der gängigen Messie-Literatur wird immer wieder darauf eingegangen, dass Messies sich selbst offenbar nicht für wertvoll genug halten, ein würdiges Leben zu führen. Dies ist eine der größten Lügen der Messies sich selbst gegenüber und der größte Selbstbetrug, den Messies in der Lage sind zu begehen. Warum? Weil sie sich selbst in die Opferrolle begeben und sich und der Welt vormachen, ihrem Chaos hilflos ausgeliefert zu sein.

Auch die «Anonymen Messies» gehen von dieser Annahme aus. Der erste Satz ihres bei den «Anonymen Alkoholikern» entliehenen Zwölf-Schritte-Programms lautet: «Wir geben zu, dass wir gegenüber unserem Chaos machtlos sind – und unser Leben nicht mehr meistern können.» Auch ich habe über ein Jahr eine Selbsthilfegruppe der «Anonymen Messies» besucht. Der Einstieg, sich zu dem Problem zu bekennen, ist unbedingt nötig und in Ordnung. Aber schon die Wortwahl «machtlos» ist falsch und ungerecht. Niemand ist machtlos gegenüber einem Problem, außer, er macht sich machtlos.

Ich erinnere mich sehr gut an Eva-Katarina aus meiner Selbsthilfegruppe. Aus jedem Wort dieser Frau war zu ersehen, dass sie sich selbst klein machte, dass sie wirklich machtlos war, einfach, weil sie es sein wollte. Eva-Katarinas ganzes Sinnen und Trachten bestand darin, Mitleid für ihr klägliches Dasein zu wecken. Sie sprach öfter davon, dass sie sich nichts gönnen könne. Was für ein Unsinn! Eva-Katarina gönnte sich den Luxus einer völlig unkontrollierten Sammelleidenschaft. Sie gönnte sich das Vorrecht, ständig zu spät zu kommen und damit Menschen auf die Nerven zu fallen. Sie gönnte sich eine gewaltige Portion Selbstmitleid. Sie gönnte sich eine anständige Dosis hilfloser Verwirrtheit, die ihr Aufmerksamkeit garantierte. Und sie gönnte sich den Luxus, ständig für andere da zu sein, anstatt sich um ihre eigenen Probleme zu kümmern. Kurz: Eva-Katarina gönnte sich eine komplette Verantwortungslosigkeit sich selbst und ihrer Umwelt gegenüber. Das ist ein gewaltiger Luxus.

Aber stopp! Hier müssen wir einmal genau hinschauen. Eva-Katarina war kein Charakterschwein. Sie wäre höchstwahrscheinlich höchst empört, wenn sie all dies läse. Denn sie selbst empfindet diesen Luxus nicht als solchen, sondern als Belastung. Sie würde also niemals davon sprechen, dass sie sich etwas gönnt. Eva-Katarina hat aber einen ganz entscheidenden Schritt nie getan: Sie hat nie gesagt: «Ich will kein Messie mehr sein.» Sie geht einfach davon aus, dass sie ihr Leben lang Messie bleiben wird, getrieben von irgendwas oder irgendwem. Würde sie auch nur einmal einen Satz der Entscheidung, wie Sie ihn beim Lesen des Kapitels 10 ausgesprochen haben, über die Lippen bringen und sich so die Möglichkeit eröffnen, selbst zu entscheiden, wie sie leben will, würde sie erkennen, dass sie sich ebendiese komplette Verantwortungslosigkeit tatsächlich *gönnt*. Im Moment der freien Entscheidung für oder gegen eine Art zu leben könnte sie dann sofort anfangen, ihr Leben zu genießen. Sollte sie Messie bleiben wollen, gäbe es für sie kein Problem mehr, sondern nur noch den oben beschriebenen Luxus. Sie würde ihren Zustand nicht mehr als Belastung empfinden. Wie jemand, der sich freiwillig und gut gelaunt den Sprung aus dem 6. Stock eines Hochhauses mit Freuden gönnt.

Sie sehen, das Wort «gönnen» mutet in diesem Zusammenhang etwas absurd an. Aber genau darum geht es: Sie gönnen sich Ihr Leben so, wie Sie es haben wollen. Entscheiden Sie sich, ob Sie Messie sein wollen oder nicht. Wenn ja, dann brauchen Sie nicht weiterzulesen und können sich dafür komplett Ihrem Chaos widmen. Sie dürfen sich Chaos, Dreck und wenig soziale Kontakte gönnen, wenn Sie so leben wollen. Und ich wünsche Ihnen ohne jede Ironie, dass Sie dieses selbst gewählte Leben genießen mögen. Sollten Sie aber kein Messie mehr sein wollen, dann gönnen Sie sich Sauberkeit, Ordnung, soziale Kontakte in Ihren vier Wänden. Die Entscheidung, was Sie sich gönnen wollen, wie Sie leben wollen, liegt absolut bei Ihnen. Genau wie bei unserem Springer aus dem 6. Stock. Auch er kann sich den Sprung gönnen oder das Weiterleben. Darüber kann er frei entscheiden!!!

Kapitel 16

Die «Aber es ist doch so viel, ich schaffe das sowieso nicht»-Haltung

Ich erinnere mich an viele, über die Jahre nahezu unzählige Versuche, die ich unternahm, mein Chaos in den Griff zu bekommen. Ich gab immer sehr schnell auf mit dem Gefühl, alles wäre sowieso zu viel. Bevor ich dieses tun könnte, müsste ich erst mal jenes erledigen, was aber nicht ginge, ohne zuerst noch dieses aufzuräumen, und so weiter und so fort. Ich scheiterte schon im Ansatz und fühlte mich dann nicht besser, sondern besonders mies. Sie kennen das? Kein Wunder, nicht wahr? Schließlich gehörte ich zu den Messies, genau wie Sie. Nun lassen Sie mich aber in diesem Kapitel auf dieses Überforderungsgefühl eingehen und darlegen, warum dieses Gefühl eigentlich völlig absurd ist. Denn das kennzeichnet diese Haltung: Sie ist die absurdeste, die Messies an den Tag legen. Sie fühlen sich überfordert und fühlen einen enormen Druck, zu scheitern, zu versagen. Und hier sehen wir die ganze Absurdität des Messie-Daseins. Ein Messie, der Leidensdruck verspürt, wünscht sich einen anderen Zustand seiner Wohnung. Und kann ihn doch nicht herstellen, weil er Angst hat, es nicht zu schaffen.

Aber was heißt denn, etwas nicht zu schaffen?

Es bedeutet, eine gestellte Aufgabe nicht erledigen zu können. Es bedeutet, dass man etwas tun **muss**, das man eigentlich lieber nicht tun möchte. Daran kann man scheitern. Klingelt's schon bei Ihnen? Lassen Sie uns wieder ein paar Beispiele finden. Beispiele veranschaulichen Dinge immer so schön. Haben Sie jemals dabei versagt, essen zu gehen mit einem Freund oder einer Freundin? Haben Sie

jemals dabei versagt, ein Stück Torte zu essen? Haben Sie jemals dabei versagt, Ihre Lieblingsschallplatte zu hören?
Oder Ihre Lieblings-CD? Haben Sie jemals dabei versagt, sich einen Kaffee oder Tee zuzubereiten? Haben Sie jemals dabei versagt, ins Kino zu gehen? Oder ins Ballett? Oder zum Fußball? Oder ins Theater? Haben Sie jemals dabei versagt, etwas zu sammeln, was Sie als sammelnswert erachteten? Sie können diese Liste um angenehme Dinge erweitern, so weit Sie wollen. Denken Sie sich einfach etwas aus, was Sie gerne tun, und fragen Sie sich, ob Sie dabei schon einmal versagt haben, soll heißen, es nicht geschafft haben, diese Dinge zu tun.

Ich denke, Sie haben bei keinem dieser Punkte, sofern sie Sie interessieren, versagt. Weil Sie diese Dinge tun **wollten**! Sie haben sich frei dazu entschlossen, diese Dinge zu tun, und sind mit Freude und Spaß an die Sache gegangen. Stellen Sie sich einmal vor, wie es wäre, wenn Sie ein Stück Torte essen müssten. Wenn Sie dazu gezwungen würden. Die Lust auf die Torte würde Ihnen schnell vergehen, nicht wahr? Und so war es bisher auch mit dem Aufräumen oder Wegwerfen von Dingen. Sie wollten das nicht wirklich tun, Sie hatten aber das Gefühl, es tun zu müssen, weil irgendwer oder irgendwas Ihnen einredete, der Zustand Ihrer Wohnung sei nicht akzeptabel. Vielleicht haben Sie es sich sogar selbst gesagt und von sich selbst verlangt, Ordnung zu machen. Aber Sie wollten es nicht wirklich, weil Sie dachten, es hätte Vorteile, so zu leben, wie Sie es taten. Andere Dinge waren für Sie interessanter. Sie haben lieber ferngesehen, sich vor den PC gesetzt, sich mit Freunden getroffen oder Musik gehört. Und so bekamen Sie schreckliche Angst, zu versagen. Und natürlich haben Sie auch versagt. Aber nun kommen wir an einen wichtigen Punkt: Sie können sich entscheiden! Lesen

Sie noch einmal Kapitel 10. Entscheiden Sie sich noch einmal laut und deutlich, und dann kommen Sie hierher zurück.

Sie lesen weiter, also haben Sie sich nochmals laut und deutlich dafür entschieden, kein Messie mehr zu sein. Sie **wollen** ein Nicht-Messie sein. Sie **wollen** ein normales, selbstbestimmtes, aufgeräumtes Leben leben. Sie **wollen** eine schöne, ordentliche Wohnung haben. Sie wollen eine ordentliche Wohnung so sehr, wie Sie manchmal ins Kino wollen oder in die Oper oder ins Theater oder zu einer Sportveranstaltung. Sie wollen das einfach. Sie haben sich entschieden.

Und nun lesen Sie noch einmal die obigen Beispiele.

Sie sehen: **Sie können gar nicht versagen!!!**

Bei Dingen, die man tut, weil man sie tun will, nicht weil man sie tun muss, bei diesen Dingen versagt man nicht. Diese Dinge tut man! Sagen Sie einmal kurz laut vor sich hin: «Super, heute habe ich es geschafft, ein Stück Torte zu essen!» Absurd, nicht wahr? Niemals würden Sie auf die Idee kommen, solch einen albernen Satz zu sagen. Denn es ist keine Aufgabe für Sie, ein Stück Torte zu essen, sondern ein Vergnügen.

Genau in dem Moment, als ich dies verstanden hatte, änderte sich mein Leben schlagartig. Ich räumte auf. Einfach so. Es machte mir nichts aus, im Gegenteil, ich ging mit viel Freude und Elan daran, «klar Schiff» zu machen.

Ich hatte mich entschieden, kein Messie mehr zu sein.

Endlich konnte ich aufräumen.

Endlich **durfte** ich aufräumen.

Es gab niemanden mehr, der mir sagte, ich müsste etwas tun. Ich war frei. Ich durfte aufräumen, ich durfte endlich meine Wohnung in den Zustand versetzen, in dem ich sie immer haben wollte. Ich durfte endlich den vielen, dämlichen Staub wegsaugen. Ich durfte endlich das Altpapier zum Container bringen. Ich durfte endlich den Müll runterbringen. Ich durfte endlich Bilder aufhängen. Ich durfte endlich Kisten ausräumen. Ich durfte endlich den Kleiderschrank aufbauen und die Kleider einsortieren. Ich durfte endlich alte Hemden zur Altkleidersammlung geben. Endlich durfte ich die Torte essen, nach der ich mir schon so lange die Lippen leckte! Ich war einfach frei, denn ich hatte mich entschieden! Und siehe da: Es war gar nicht so viel. Es hätte mehr oder auch weniger sein können. Das hätte keinen Unterschied mehr gemacht. So, wie ich früher eine einzige Flasche nicht zum Container bringen konnte, weil es zu viel war, so erledige ich jetzt Bad, Küche und Fußboden in weniger als einem halben Tag. Auf einmal verstand ich die Menschen, die immer sagten: «Ach, das Bad, da ist man ja in einer halben Stunde fertig.» Oder: «Na ja, der Abwasch, der ist ja in der Werbepause schnell gemacht.» Oder: «Ich bügle gerne, da habe ich hinterher immer so schön glatte Klamotten.» Ich erledigte die Dinge einfach. Ich tat sie einfach. Und das mit einer unbändigen Freude, weil ich endlich durfte. Weil ich wollte! Ich behaupte seitdem, dass mir Hausarbeit mehr Spaß bringt als jemandem, der niemals Messie war. Weil ich weiß, was es bedeutet, diese Dinge tun zu dürfen. Jahrelang konnte ich nicht, weil ich dachte, dass ich müsste. Nun kann ich, weil ich weiß, dass ich will. Ein herrliches Gefühl!!! Und das Tollste daran: Ich kann mich jederzeit neu entscheiden. Morgen kann ich anfangen, alles zu vermüllen, wenn ich das möchte. Was für ein absurder Gedanke!

Kapitel 17

Die «Ich bin wie gelähmt und ohnmächtig»-Haltung

Dieses Ohnmachtsgefühl liegt sehr nahe neben dem aus Kapitel 16. Die Menge der angesammelten Dinge scheint einfach zu groß, das Chaos zu gewaltig, die Aufgabe scheint nicht zu bewältigen zu sein. Allzu oft saß ich in meinem Fernsehsessel und dachte daran, eben das Altpapier zum Container zu bringen oder das Glas. Oder einen Brief einzustecken. Oder die Wäsche aufzuhängen. Oder sie wieder abzunehmen. Aber alleine der Gedanke an diese Dinge überforderte mich so sehr, dass ich überhaupt nichts tat. Ich sackte buchstäblich in meinem Sessel zusammen und vertrödelte den ganzen Tag damit, mir klarzumachen, dass die Zeit niemals ausreichen würde, diese Dinge zu tun. Irgendwann war der Tag dann tatsächlich um. Der Müll war noch im Haus, der Brief lag auf dem Schreibtisch, die Wäsche verschrumpelte in der Waschmaschine und fing an zu müffeln, die Nachbarn schimpften, weil meine Wäsche seit Wochen die Leinen auf dem Dachboden blockierte. Ich hatte ein fürchterlich schlechtes Gewissen und fühlte mich unglaublich ohnmächtig.

Aber ähnlich wie in Kapitel 16 beschrieben, erledigte ich die Dinge deshalb nicht, weil ich das Gefühl hatte, sie tun zu **müssen**! Das war einfach zu viel. Ich kam nicht einmal auf den Gedanken, dass ich sie vielleicht tun **wollte**. Das änderte sich schlagartig, als ich mich dazu entschlossen hatte, auf keinen Fall und unter keinen Umständen mehr ein Messie zu sein. Ich begriff, dass sich keine Ohnmacht einstellt, wenn man Dinge tut, die man tun will, weil man sich dazu entschlossen hat. Nehmen wir nochmal das einfache Beispiel mit der Torte. Ich habe mich in meinem

ganzen Leben noch nie ohnmächtig und hilflos gefühlt, wenn ich ein Stück Torte essen wollte. Ich wusste einfach, dass ich das tun wollte, und tat es mit Freude. Als mir die Blickpunktveränderung bezüglich meines Messie-Daseins gelungen war und ich mich gegen mein bisheriges Leben entschlossen hatte, verschwanden die Ohnmachtsgefühle unmittelbar. Ich fing an, all diese Dinge mit Freude und sofort zu erledigen. Ich nahm einfach auf dem Weg zum Bus das Altglas mit. Ich warf den Brief auf dem Weg von der Arbeit nach Hause ein.

Ich freue mich sogar darauf, diese Dinge zu tun. Denn ich tue sie für mich, weil ich mich dazu entschlossen habe, nicht mehr im Chaos zu leben. Die «Lähmungs»-Erscheinungen sind verschwunden. Zwar habe ich manchmal keine richtige Lust oder schlechte Laune. Das hindert mich aber nicht daran, die Dinge zu tun. Denn ich habe mich entschieden: Ich will niemals wieder, unter keinen Umständen, absolut nie, nie wieder ein Messie sein und in einer chaotischen Wohnung leben müssen.

Kapitel 18

Die «Ja, aber …»-Haltung

Ich will Ihnen ein kurze Geschichte erzählen. Sie handelt von meinem Freund Kai. Kai ist ein lebhafter, aufgeschlossener, lustiger und intelligenter Bursche. Ich mag ihn wirklich gerne, aber manchmal ist der Umgang mit Kai sehr schwierig. Denn Kai hat ein massives Problem mit seinen Eltern. Beide haben ihm stets zu verstehen gegeben, dass seine Meinung nicht zählt oder falsch ist. Das geschah nicht aus böser Absicht, aber es geschah. Und so hat Kai heute ein großes Problem mit Leuten, die ihm eine Tatsache erzählen. Es ist dabei egal, ob diese Tatsache wahr oder nur eine Behauptung ist. Kai geht instinktiv in eine Abwehrhaltung und reagiert mit einem «Ja, aber …»-Satz.

Ein «Ja, aber …»-Satz ist immer negativ, im Gegensatz zu einem «Nein, aber …»-Satz. Letzterer sagt aus, dass die Behauptung, Frage oder sonstige Aussage des Gegenübers verneint wird, es aber eine andere Lösung gibt. Im Gegensatz dazu sagt ein «Ja, aber …»-Satz immer: «Ja, du hast etwas gesagt, aber es gilt nicht. Und jetzt sage ich dir meine Meinung.» Diskussionen oder auch nur der einfache Versuch des Faktenaustausches mit Kai werden so zu einem Hürdenlauf über «Ja, aber …»-Sätze, und das Ergebnis können Sie sich vielleicht vorstellen: Man resigniert irgendwann. Wenn Kai nicht lernt, dass die Meinung, Behauptung oder Tatsachenfeststellung eines anderen keinen persönlichen Angriff gegen ihn selbst bedeutet, dann wird er in Diskussionen und anderen Gesprächen immer Probleme haben. Das wäre sehr schade, denn Kai ist wirklich ein toller Mensch.

Wenn Sie nun vielleicht auch zu den ganz hartnäckigen

Fällen gehören, werden Sie zu allem, was Sie in diesem Buch bisher gelesen haben, Ihre eigene Meinung haben, die dem Gelesenen entgegensteht. Sie werden mir auf alles antworten: «Ja, aber eigentlich ist alles anders, nämlich ...» Beantworten Sie mir eine Frage: Warum ist das so? Warum müssen Sie mir beweisen, dass Sie Recht haben? Ich bin nicht Ihr Vater oder Ihre Mutter, gegen die Sie sich behaupten müssen. **Sie müssen sich gegen gar nichts behaupten. Ihre eigene Meinung zählt.** Wenn Sie tatsächlich der Meinung sind, dass das Gelesene nicht stimmt, dann schreiben Sie Ihre Meinung auf, und schicken Sie sie mir (bitte benutzen Sie die Verlagsadresse hinten im Buch). Ich werde darüber nachdenken und Ihnen antworten. Vielleicht führt Ihre Haltung dazu, dass Sie Messie bleiben. Wenn das Ihr Wille ist, dann soll er geschehen. Sie brauchen noch nicht einmal weiterzulesen. Sollten Sie aber feststellen, dass Ihr Widerspruch nicht inhaltlich begründet ist, sondern aufgrund alter Mechanismen oder dem Gefühl, sich behaupten zu müssen, geäußert wird, dann lesen Sie schnell noch einmal Kapitel 6. Versuchen Sie es. Es wird sich lohnen.

Kapitel 19

Die «Ich verliere meine Kreativität»-Haltung

Als ich noch Messie war, glaubte ich, dass ich ein besonderes Leben führte. Ich lebte zu Hause zwar völlig chaotisch, aber ich tat unglaublich viele kreative Dinge. Als Musiker spielte ich in mehreren Gruppen, ich arbeitete in einem kreativen Bereich, ich dachte mir ständig neue Dinge aus, die ich tun wollte. Im Gegensatz zu den «Man-müsste-Mals», wie ich sie nannte, setzte ich auch einen Großteil meiner Ideen um. Als ich nun feststellte, dass ich zur Spezies «Messie» gehörte, war für mich schnell klar, dass ich mein Dasein ändern wollte. Zwar wusste ich nicht wie, aber *dass* ich was ändern wollte, stand fest. Aber parallel zu dem Entschluss, etwas zu tun, stellte sich eine Angst ein: die Angst, einen Teil meines Lebens zu verlieren, meine Kreativität, deren Ausdruck unter anderem auch meine Sammlung von alten Dingen aus den 50er Jahren war. Ich dachte, wenn ich nun Ordnung einkehren ließe, würde ich auf einmal ein langweiliger, unkreativer Mensch werden. Man spricht ja auch gerne mal vom «kreativen Chaos». Was für ein unglaublich gemeiner Selbstbetrug! Ich verlor die Angst, meine Kreativität zu verlieren, während meiner ganzen Zeit bei den Anonymen Messies nicht, obwohl auch dort über diese Angst gesprochen wurde. Ich wurde mir dieser Angst zwar bewusst, aber ich konnte nichts daran ändern, sie zu haben. Warum? Weil ich einen ganz entscheidenden Denkfehler machte: Ich glaubte, dass mein Chaos und meine Kreativität zusammenhingen. Ich glaubte, dass mein Chaos sogar ein Ausdruck meiner Kreativität sei. Heute weiß ich, dass das der größte Unsinn ist, den ich jemals geglaubt habe! Chaos ist niemals von Vorteil, in keiner

Weise! Im Gegenteil: Chaos, Unordnung und Dreck behindern Kreativität nahezu völlig. Denn kreativ war ich niemals, wenn ich in meinem Chaos war, sondern immer nur dann, wenn ich mich dem Chaos entziehen konnte. Überlegen Sie sich einmal kurz, wann Sie Ihren letzten kreativen Gedanken hatten, wann Sie die letzte gute Idee hatten. War das, als Sie inmitten Ihrer chaotischen Wohnung saßen und Ihr Chaos wahrnahmen? Oder war das während eines Abendessens in angenehmer Atmosphäre? Oder während eines Spaziergangs? Oder während einer Ruderpartie? Oder während Sie gemütlich einen Kaffee trinken gingen? Oder während Sie zwar in Ihrer chaotischen Wohnung waren, das Chaos aber komplett aus Ihrer Wahrnehmung ausblendeten?

In dem Moment, da mir klar wurde, dass mein Chaos nichts, aber auch wirklich absolut nichts mit meiner Kreativität zu tun hatte und sie schon gar nicht stärkte, verlor ich die Angst vor dem Verlust meiner Kreativität. Ich verstand auf einmal, dass ich absolut nichts verlieren würde, wenn ich mein Chaos beseitigte. Ich konnte nur gewinnen. Und wissen Sie was? Seitdem ich kein Messie mehr bin, ist meine Wohnung zu einem Ort der Kreativität geworden. Ich fühle mich dort wohl und kann in aller Ruhe in einer Umgebung, wie ich sie mir vorstelle, überlegen und mir Dinge ausdenken.

Dieses Buch entstand zu Hause in meiner Wohnung. Ich muss nicht mehr in ein Café, um in Ruhe nachdenken zu können. Ich kann gemütlich in einem schönen Zuhause kreativ sein. Ich habe durch die Beseitigung des Chaos nichts verloren, sondern nur gewonnen. Endlich bin ich nicht mehr behindert, abgelenkt und bedrückt, wenn ich zu Hause bin. Endlich kann ich hier *leben*! Ich bin sogar um einiges kreativer und ideenreicher geworden, seitdem ich so lebe, wie ich es mir immer gewünscht habe. Ich weiß nun: Es gibt kein kreatives Chaos. Das «kreative Chaos» ist eine Entschuldigung von Messies gegenüber ihrer Umwelt, weil sie ein schlechtes Gewissen haben. Chaos behindert. **Chaos ist niemals Nährboden für Kreativität, geschweige denn Ausdruck derselben. Chaos bedeutet keinerlei Gewinn!!!**

Kapitel 20

64 *Die «Mir fehlt es offenbar an Willenskraft und Disziplin»-Haltung*

Wie oft saß ich in meinem Fernsehsessel und wollte doch irgendwann allzu gerne aufräumen? Unzählige Male unternahm ich halbherzige Versuche und gab resigniert auf. Ich machte mir dann Vorwürfe und bemängelte meine offensichtlich fehlende Willenskraft. Ich dachte einfach, dass mir die Disziplin fehlt. Ich war bereit, mich in mein Schicksal zu fügen, weil ich nun mal unfähig war. Ich dachte, dass ich nicht über die nötigen Werkzeuge verfüge, von der Natur mit den Charaktereigenschaften Willenskraft und Disziplin nicht ausreichend ausgerüstet wäre.

Ich war komplett auf dem Holzweg und tat mir das Schlimmste an, was ein Mensch sich antun kann: Ich gab mich selbst auf, indem ich mich in mein vermeintliches Schicksal fügte. Ich nahm mir selbst die Möglichkeit, zu entscheiden. Ich machte mich klein.

Dabei bestand bei objektiver Betrachtungsweise dazu wenig Grund: Ich arbeitete äußerst diszipliniert. Ich war als junger Mann bei der Armee gewesen und hatte dort ohne jegliche Probleme allen Anforderungen an Disziplin genügt. Ich besaß einen dermaßen starken Willen, dass ich nahezu alles, was ich mir vornahm, auch umsetzte. Mein Wille war so stark, dass ich niemals klein beigab, wenn ich von einer Sache überzeugt war. Dann wollte und konnte ich dieses Ziel auch erreichen.

Nur zu Hause schien das nicht zu funktionieren. Warum bloß? Es war schlichtweg zum Verzweifeln. Bis ich die klitzekleine Veränderung der Sichtweise vornahm, die mich mein Chaos komplett und mit Freude und Vergnügen beseitigen ließ. Auf einmal war nämlich alles ganz leicht.

Warum? Weil ich entdeckte, dass ich gar keine Willenskraft brauchte, um mein Chaos zu beseitigen. Willenskraft beim Durchsetzen eigener Interessen braucht man nämlich nur, wenn man auf Widerstand stößt. *Es gibt aber keinen Widerstand, wenn man selbst entscheidet, Dinge zu tun oder zu lassen!!!*

In dem entscheidenden Moment, als ich entdeckte, dass es keinen Widerstand gegen meinen Wunsch gab, mein Chaos zu beseitigen – in diesem Moment fing ich einfach an. Ich stellte fest, dass es mein eigener, mein ureigener Wunsch war, nicht im Chaos zu leben. Es war mein Wille, nicht im Chaos zu leben. Ich hatte mich dazu entschlossen. Ich hatte laut und klar gesagt: «Es soll etwas geschehen, ich will, will, will kein Messie mehr sein. Niemals mehr. Es ist vorbei!!!» Ich konnte das «Ich muss aufräumen», *gegen dass ich selbst einen Widerstand gebildet hatte*, durch ein «Ich will aufräumen» ersetzen. Und schon brauchte ich gar keine Willenskraft mehr. Ich musste mich gegen nichts und niemanden durchsetzen. Ich konnte einfach und frei und nach meinem eigenen Wunsch loslegen. Ich hatte das Geheimnis des Nicht-Messie-Seins entdeckt: dass es keinen, absolut keinen Vorteil hat, im Chaos zu leben. Haben Sie jemals Willenskraft gebraucht, um etwas zu tun, was Sie gerne tun? Haben Sie jemals Willenskraft gebraucht, um sich einen Film anzusehen, wenn das Ihr Wunsch war? Haben Sie jemals Willenskraft gebraucht, um Ihr Lieblingsessen zu essen? Haben Sie jemals Willenskraft dafür gebraucht, zu einer Verabredung mit einem aufregenden Menschen zu gehen? Natürlich nicht!

Jetzt stellen Sie sich einmal Folgendes vor: Sie haben sich dazu entschlossen, kein Messie mehr zu sein. Sie haben einfach gesagt: «Nein! Es ist genug! Keine Sekunde länger will ich so leben!!!» Sie sind sich absolut sicher, dass Sie so nicht mehr leben wollen! Bitte versuchen Sie sich jetzt vorzustellen, dass Sie trotzdem im Chaos leben **müssten**. **Dazu** brauchen Sie Willenskraft! Sie haben sich dazu entschlossen, Ihr Leben zu ändern. Es nun nicht zu tun bedeutet für Sie, dass Sie enorm viel Disziplin und Willenskraft brauchen, um einen Zustand zu ertragen, den Sie nicht haben wollen. Sie müssten sich geradezu zwingen, weiter im Chaos zu leben.

Aber Sie müssen sich nicht zwingen, Ihr Chaos zu beseitigen, denn das ist es schließlich, was Sie sich aus ganzem Herzen wünschen. Dafür brauchen Sie absolut keine Disziplin und Willenskraft. Drehen Sie allen, die Ihnen immer gesagt haben, Sie seien willensschwach und undiszipliniert, eine Nase. Inklusive sich selbst! Sie bestimmen, Sie entscheiden, Ihr Wunsch zählt. Sie können nichts verlieren, nur gewinnen.

Kapitel 21

Die «Mein Leben wird leer, wenn alles aufgeräumt ist»-Haltung

In meiner Messie-Selbsthilfegruppe lernte ich eine Frau kennen, die ich Katrin nennen will. Katrin sprach von ihrer Angst, dass ihr Leben langweilig und leer werden könnte, wenn sie erst mal aufgeräumt hätte. Sie erklärte uns, dass sie Angst hätte, dann keine Aufgabe mehr zu haben. Ich hörte auf meine innere Stimme, und siehe da: Ich hatte genau dieselbe Angst. Ich saß tatsächlich zu Hause und überlegte mir: Wenn du nun aufgeräumt hast, was dann? Hast du dann noch was zu tun? Oder sitzt du in deiner aufgeräumten Wohnung und langweilst dich?

Unter uns: Dieser Gedanke ist völlig absurd. Jetzt weiß ich das. Als ich noch Messie war, wusste ich das nicht. Und hatte ebendiese Angst. In dem Moment aber, als ich mich dazu entschloss, kein Messie-Dasein mehr zu führen, in diesem Moment wurde mir auch klar, dass diese Angst absolut unbegründet war. Denn ich erkannte, dass sie daherrührte, dass ich fürchtete, durch die Ordnung etwas zu verlieren. Tatsächlich: Ich hatte Angst, dass ich auf etwas verzichten müsste, wenn ich kein Messie mehr wäre. Dass ich etwas verlieren würde. Ich wusste noch nicht einmal, was ich verlieren würde. Es war so ein diffuses Gefühl, dass Aufregung, Spannung, Kreativität und wichtige Dinge aus meinem Leben verschwinden würden. Ich hatte die Vision, dass ich in einem leeren Raum sitzen würde und mein Leben zu Ende wäre.

Was war das für eine unglaubliche Gemeinheit, die ich mir da antat! Ich hatte nämlich komplett vergessen, dass ich es sein würde, der bestimmt, was aus meinem Leben zu verschwinden hätte. Ich hatte noch nicht erkannt, dass ich durch die Änderung meines Lebens nichts verlieren würde, sondern nur gewinnen konnte. Als ich das aber begriffen hatte, konnte ich unmittelbar anfangen, mein Chaos zu beseitigen, und spürte sofort den Gewinn: ein Gefühl unendlicher Freiheit, ein Gefühl, selbstbestimmt leben zu dürfen. Und ganz praktisch betrachtet: Ich hatte auf einmal Platz im wahrsten Sinne des Wortes. Ich hatte Platz, mich frei zu bewegen. Ich hatte Raum, die Dinge, die mir wirklich wichtig waren, wahrzunehmen und zu genießen. Ich nutzte Dinge, die mir etwas bedeuteten, die aber schon lange im Chaos verschollen waren. Ich las Bücher, die ich schon immer lesen wollte. Und ich konnte endlich diese dämlichen kaputten Sachen wegwerfen. Ich musste mich nicht mehr damit beschäftigen, was ich mit all dem Unfug anfangen wollte. Weg damit! Und auf einmal entdeckte ich: Es folgte keinesfalls eine Leere, sondern ein unglaublich reichhaltiges Füllhorn der Möglichkeiten.

Ich hatte auf einmal Platz in meinem Leben für neue Erlebnisse. Was für ein herrliches Gefühl war es, zum ersten Mal seit Jahren einen Gast zu beherbergen. Was für eine Offenbarung war es, zum ersten Mal seit langer, langer Zeit ein Mädchen mit nach Hause zu nehmen. Das sich dann sogar noch wohl fühlte bei mir! Ich verlor weder Aufregung, Spannung, Kreativität noch wichtige Dinge. Ich wurde nur Ballast los, ekligen und störenden Kram und einen ungeheuren Druck, alles nutzen zu *müssen*. Ich bekam im Gegenteil die Chance, alles, was ich behalten wollte, nutzen zu *dürfen*. Ich gewann auf ganzer Linie und verlor absolut nichts. Ich darf tatsächlich sagen, dass ich nie in meinem ganzen Messie-Dasein auch nur eine Sekunde ein so reiches Leben geführt habe, wie ich es jetzt tue.

Merken Sie, wie Sie sich zu freuen beginnen? Auf die Welt der tausend und abertausend Möglichkeiten, die Ihrer harrt? Entscheiden Sie sich! **Sie können nur gewinnen!!!**

Kapitel 22

70 *Die «Ich hasse es, wenn alles steril ist»-Haltung*

Als ich noch Messie war, neigte ich zu absoluten Betrachtungsweisen. Entweder war etwas gut oder schlecht. Dazwischen gab es nichts. Nicht im Chaos zu leben bedeutete für mich damals, dass ich im genauen Gegenteil leben müsste. Und das war nicht etwa eine aufgeräumte, gemütliche Wohnung mit einem normalen Maß an zeitweiliger Unordnung. Es bedeutete vielmehr eine antiseptische Atmosphäre. Und auf die hatte ich natürlich überhaupt keine Lust. Wer möchte schon in einer Krankenhaus-Atmosphäre leben? Niemand, es sei denn, man ist zwanghaft reinlich. Natürlich ist die Aussage: «Ich hasse es, wenn alles steril ist» absolut berechtigt. Aber eine Wohnung, wie Sie sie sich vorstellen, ist natürlich keinesfalls «steril», wenn Sie es nicht wollen. Sie bestimmen ja selbst, wie Ihre Wohnung aussehen soll. Niemand schreibt Ihnen vor, welchen Grad der Sauberkeit und Ordnung Ihre Wohnung haben soll.

Nehmen wir einmal folgendes Beispiel: Sie wollen einen Brief an Ihre beste Freundin schreiben, fangen aber gar nicht erst an. Denn Sie sagen: «Ich hasse es, wenn Tinte verschmiert.» Dämlich, nicht wahr? Sie würden nie auf die Idee kommen, so etwas zu sagen, weil Sie wissen, dass Sie einen Brief auch mit einem Bleistift, mit der Schreibmaschine, mit dem Computer oder einem Filzstift schreiben können. Sie wissen genau, dass es eine Menge Alternativen zu verschmierter Tinte gibt, und Sie werden das Briefeschreiben nicht aufgeben, weil Sie verschmierte Tinte hassen. Genauso wenig müssen Sie den Wunsch aufgeben, Ihr Chaos zu beseitigen, bloß weil Sie nicht in einer antiseptischen Atmosphäre leben wollen. Sie alleine bestimmen den Grad der Ordnung und Sauberkeit in Ihrer Wohnung. Wenn Sie das Bad gerne schmierig haben wollen, die Küche aber blitzeblank, dann werden Sie es genau so machen und sich dabei wohl fühlen. Wenn Sie Bad und Küche blitzeblank wünschen, es Ihnen aber egal ist, wenn das Wohnzimmer ein bisschen staubig ist, dann werden Sie es sich exakt so einzurichten wissen. Weil Sie die Wahl haben, weil Sie frei entscheiden dürfen, wie es bei Ihnen aussehen soll. Weil nichts und niemand Ihnen vorschreiben kann und darf, dass Ihre Wohnung «steril» sein muss.

Kapitel 23

72 *Die «Der Zeitpunkt ist noch nicht gekommen»-Haltung*

Immer wieder habe ich das Gefühl, die Zeit sei noch nicht reif für die Dinge, die ich tun muss. Ich schiebe sie dann auf. Mache sie später. Oft auch auf den letzten Drücker. Daran hat sich auch nichts geändert, seit ich kein Messie mehr bin. Atmen Sie ein bisschen auf, weil Sie dankbar sind, noch nicht aufräumen zu müssen? Weil selbst ich, der Ihnen ja erzählen will, wie man zum Nicht-Messie wird, Dinge aufschiebe?

Nun, es gibt keinen Grund, aufzuatmen, weil Sie jetzt noch nicht aufräumen müssen. Sie dürfen sich dennoch entspannen: Weil Sie nämlich überhaupt nicht aufräumen müssen. Jetzt nicht und nie. Sie können ganz zwanglos und glücklich weiter in Ihrem Chaos leben. Wenn Sie wollen. Denn Sie **müssen** gar nichts. Aber Sie dürfen wollen. Wenn Sie sich also dazu entschlossen haben, kein Messie mehr zu sein, welchen Grund gibt es dann, nicht heute anzufangen? Doch nur den, dass Sie Angst haben, zu versagen. Aber Sie können ja gar nicht versagen. Kommen wir nochmals zu dem schönen Beispiel mit der Torte zurück. Wenn Sie sich ein Stück Torte gönnen wollen, dann werden Sie nicht dabei versagen, es zu kaufen. Stellen Sie sich vor, Sie haben sich dazu entschlossen, ein Stück Torte zu kaufen. Kämen Sie auf die Idee, zu sagen: «Gut, zwar habe ich mich dazu entschlossen, ein Stück Torte zu essen. Aber der Zeitpunkt ist einfach noch nicht reif. Ich muss noch etwas warten, bevor ich die Torte kaufe»? Wohlgemerkt, ich rede nicht davon, dass Sie eventuell keine Zeit haben, weil Sie gerade arbeiten müssen. In dem Fall würden Sie nämlich sagen: «Gut, ich möchte ein Stück

Torte. Aber ich muss noch arbeiten. Schade, aber ich kaufe es dann, sobald ich Pause oder Feierabend habe.»

Merken Sie etwas? Genau! Der Zeitpunkt, Ihr Leben zu ändern, ist jetzt genauso gut wie irgendwann. Es gibt keinen Grund, es nicht sofort zu tun. Denn Sie können nicht daran scheitern, ein Stück Torte zu essen. Sollten Sie jetzt aber auf einmal das Gefühl haben, der Zeitpunkt sei noch nicht gekommen, weil Ihnen die Aufgabe zu schwer und alles zu viel erscheint, dann lesen Sie noch einmal Kapitel 16. Sie können nicht versagen, Sie können nur gewinnen. Gewinnen Sie Ihre Freiheit jetzt, gleich, sofort. Fangen Sie an, es wird niemals ein besserer Zeitpunkt kommen als dieser. Warum warten, den größten Gewinn Ihres Lebens zu erleben, nämlich den Gewinn Ihrer totalen Freiheit vom Chaos und für ein Leben, wie Sie es sich wünschen!

Kapitel 24

Die «Bei mir ist es ja gar nicht so schlimm»-Haltung

Sie haben bis hierher gelesen und stellen nun auf einmal fest, dass bei Ihnen alles gar nicht so schlimm ist und Sie lieber nicht weiterlesen wollen. Sie dürfen sich freuen, denn ich sage Ihnen: Prima, dann ist ja alles in Butter. Sie finden, dass Sie ganz zufrieden sind, so wie alles ist. Sie wollen an Ihrem Leben nichts ändern, sondern sind eigentlich ein glücklicher Mensch. Der einzige Nachteil an der Sache: Sie haben Geld für dieses Buch ausgegeben, das Sie hätten sparen können. In diesem Fall überlegen Sie doch einfach, ob Sie jemanden kennen, der kreuzunglücklich über die eigenen Lebensumstände ist und nur allzu gerne das eigene Leben vom Chaos befreien würde. Schenken Sie diesem Menschen das Buch, dann war die Anschaffung nicht umsonst.

Ich habe übrigens zum Abschluss noch eine kleine Geschichte für Sie. Sie handelt von meiner guten Freundin Manuela. Wir reden oft über alles Mögliche und erzählen uns eigentlich alles. Manuela hat Fred geheiratet. Schon in jungen Jahren hatte sie sich nichts mehr gewünscht als einen Ehemann, Kinder und ein kleines Haus im Grünen. Als Fred in ihr Leben trat, schien sich endlich ihr Lebenstraum zu erfüllen. Fred war zwar ein wenig steif, aber das Pflichtbewusstsein und der treu sorgende Familienvater in Person. Die Hochzeit war großartig, aber nach wenigen Jahren stellte Manuela fest, dass sie bei Fred eine Menge vermisste. Sie wurde so gut wie nie in den Arm genommen, denn Fred war alles andere als ein sinnlicher Typ. Zudem sah er seine Aufgabe mit dem Bau des Häuschens als erfüllt an. Nach seinen Vorstellungen war die Ehe perfekt. Manuela kümmerte sich um die Kinder, er brachte das Geld nach Hause. Die Familie war versorgt, Pflicht erfüllt, punktum! Dass Manuela sich eigentlich etwas anderes wünschte, nämlich einen Mann, der auch Liebhaber und Freund war, verstand Fred nicht. Sobald Manuela auch nur eine kleine Bemerkung in diese Richtung machte, fühlte Fred sich angegriffen und in seiner Ehre gekränkt. Schließlich tat er alles, was ein guter Ehemann seinem Verständnis nach tun musste.

Während dieser Zeit telefonierten Manuela und ich recht häufig. Sie klagte mir ihr Leid. Es konnte durchaus mal zwei Stunden dauern, bis sie sich alles von der Seele geredet hatte. Aber immer, wenn das Gespräch auf mögliche Konsequenzen kam, machte Manuela einen interessanten Schlenker. Sie sagte dann: «Ach, eigentlich ist alles gar nicht so schlimm. Er hat ja auch seine guten Seiten.» Wohlgemerkt: Die angesprochenen Konsequenzen waren keinesfalls so drastisch, wie Sie vielleicht vermuten. Es ging nicht um einen endgültigen Schlussstrich, es ging um Dinge wie das Aufsuchen einer Familienberatung, ein Gespräch im Beisein Dritter als Moderatoren oder einfach nur um den Vorschlag, einmal aufzuschreiben, was sich denn ändern müsste, damit Manuela zufriedener wäre. Bis zu zwei Stunden lang versuchte mir Manuela zu verdeutlichen, dass ihr Leben schrecklich sei und sie keine Minute länger so leben wollte, aber wenn es auch nur in der Andeutung konkret zu werden drohte, machte sie sozusagen auf dem Absatz kehrt und entkräftete alles vorher Gesagte kurzweg mit ihrem: «Ach, eigentlich ist alles gar nicht so schlimm. Er hat ja auch seine guten Seiten.» Bis ich eines Tages erwiderte: «Manuela, jetzt hast du mir wieder erzählt, wie schlimm alles ist, aber eigentlich ist alles gar nicht so schlimm. Ich gratuliere dir zu dieser Erkenntnis. Dann genieße das Leben mit Fred doch einfach. Es ist ja alles gar nicht so schlimm, also gibt es auch keinen Grund, Konsequenzen zu ziehen. Alles kann so weitergehen wie bisher, das freut mich sehr für dich.» In dem Moment begann Manuela bitterlich zu weinen. Ich hatte ihren Nerv getroffen, und endlich gab sie zu, was ich schon längst wusste. Sie hatte einfach schreckliche Angst vor der Belastung, die mögliche Konsequenzen mit sich bringen würden. Sie hatte Angst davor, sich einzugestehen, dass sie sich ihr Leben anders vorgestellt hatte. Sie hatte Angst vor dem, was ihr Mann sagen würde. Sie fühlte sich der Arbeit, die auf sie zukam, nicht gewachsen. Sie hatte einfach Angst vor den Folgen, die vielleicht eintreten würden. Wir haben lange geredet, bis Manuela begriff, dass es für sie nicht schlimmer werden konnte; dass sie nichts zu verlieren hatte, aber viel zu gewinnen, nämlich eine glückliche Zukunft mit ihrem Ehemann. Sie begriff, dass sie ganz allein die Entscheidung über ihre Zukunft treffen konnte. Und sie beschloss tatsächlich, ihr Leben zu ändern. Mit ihrem Ehemann. Sie sah ein, dass sie nur gewinnen konnte. Und sie gewann.

Zwar scheiterte die Ehe mit Fred schließlich, weil er nicht in der Lage und gewillt war, seine Frau zu verstehen. Aber er ist ein sehr fairer Ex-Ehemann, der sich weiterhin äußerst korrekt gegenüber Manuela und den Kindern verhält. Manuela hat mittlerweile wieder geheiratet. Ihr Mann heißt Martin und ist eine gelungene Mischung aus einem pflichtbewussten Ehemann und einem spontanen, sinnlichen Freund und Liebhaber. Und warum hat Manuela dieses Glück gefunden? Ganz einfach, weil sie sich irgendwann traute, ihr Schicksal in die eigenen Hände zu nehmen und sich für eine Zukunft zu entscheiden, wie sie sie sich vorstellte. Sie erkannte, dass sie nur gewinnen konnte, und sie gewann.

Sollten Sie nach dem Lesen dieser kleinen Geschichte sagen: «Schön für Manuela, reizende Geschichte, aber ich bin wirklich absolut zufrieden und will mein Leben weiterleben wie bisher», dann tun Sie genau das! Verschenken Sie das Buch an jemanden, der es gebrauchen kann. Sollten Sie aber feststellen, dass der Satz: «Bei mir ist es eigentlich gar nicht so schlimm» nur ein Ausdruck Ihrer Angst vor den Konsequenzen ist, dann lassen Sie uns mal eben schauen, welche Konsequenzen das sein können. Lesen Sie noch einmal Kapitel 2. Und dann gehen Sie durch das Inhaltsverzeichnis, und schauen Sie einfach nach Überschriften, die Ihnen ein mulmiges Gefühl bereiten. Lesen Sie diese Kapitel nochmals in aller Ruhe. Es gibt keinen einzigen Grund, Angst zu haben, denn Sie haben nichts zu verlieren. Sie können nur gewinnen. Und zwar ein Leben, wie Sie es sich wünschen. Das ist der größte Gewinn, den Sie überhaupt machen können. Zweifeln Sie nicht, nehmen Sie Ihre Zukunft in die Hand. Es ist an der Zeit, zu sagen: «Egal, wie schlimm oder nicht schlimm: **So nicht mehr! Nie mehr! Ich will kein Messie mehr sein!»** Bravo!!!

Kapitel 25

78 *Die «Ich weiß nicht, ob ich das durchhalte»-Haltung*

Sie fürchten sich ein bisschen vor der großen Aufgabe und sehen sich auf lange Sicht scheitern? Sie wissen nicht, ob Sie es schaffen, die Ordnung zu halten, wenn Sie einmal aufgeräumt haben? Sie haben ganz konkret Angst, zu versagen? Ich kann Sie verstehen. Absolut sogar. Aber ich kann Ihnen auch Hoffnung machen. Denn wenn Sie an diesem Punkt des Buches noch immer diese Angst haben, dann liegt das einfach daran, dass ich einen bestimmten Punkt noch nicht gut genug erklärt habe. Dafür entschuldige ich mich, denn ich habe Ihnen ja schließlich versprochen, dass alles ganz einfach ist. Ich will Ihnen noch einmal von mir selbst berichten.

Als ich noch Messie war, aber schon beschlossen hatte, dass sich etwas ändern muss, hatte ich zunächst keine Ahnung, wie ich die Dinge anpacken sollte. Ich hatte ziemlich viel Angst vor allem Möglichen, etwa vor der erwähnten Leere, weil ich vielleicht etwas verlieren könnte. Oder davor, den ganzen Berg nicht zu schaffen. Oder davor, die Quelle meiner Kreativität zu verlieren. Warum alle diese Ängste unbegründet und Unfug waren, habe ich schon in den vorangegangenen Kapiteln dargelegt. Die größte Befürchtung aber war tatsächlich, die Ordnung nicht aufrechterhalten zu können, die ich schaffen wollte. Ich hatte schreckliche Angst davor, dass ich wieder nur einen vergeblichen Versuch unternehmen und auf Dauer in den alten Trott und das alte Chaos zurückfallen würde.

Meine Zeit bei den Anonymen Messies unterstützte dieses Gefühl, und ich schaffte damals auch nicht wirklich viel. Zwar gelang es mir, bestimmte Punkte meines Lebens zu verändern, aber es kostete mich enorm viel Anstrengung. Das hätte noch Jahre so weitergehen können. Ich hätte stets und ständig kämpfen müssen, immer mit der Angst im Nacken, den Kampf zu verlieren und zu scheitern. Und ich weiß: Ich wäre gescheitert, denn niemand hat die Kraft, sein Leben lang zu kämpfen. Irgendwann ist die Kraft aufgebraucht, und man unterliegt.

Das ist aber kein Grund für Sie, betrübt zu sein, denn ich habe eine gute Nachricht für Sie: **Sie müssen gar nicht kämpfen!** Und zwar zu keiner Sekunde. Und wenn Sie nicht kämpfen müssen, können Sie auch nicht verlieren oder unterliegen. Woher ich das weiß? Weil auch ich nicht kämpfen musste und noch immer nicht kämpfen muss. Mir stellt sich die Frage, ob ich irgendetwas durchhalten kann, überhaupt nicht. Der Grund dafür ist verblüffend simpel: Ich habe mich dazu entschlossen, kein Messie mehr zu sein, und wenn man kein Messie mehr ist, hält man automatisch Ordnung. Denn sonst wäre man ja ein Messie.

Wie habe ich es aber nun geschafft, kein Messie mehr zu sein? Indem ich erkannte, dass es für mich absolut keinen Vorteil hat, Messie zu sein. Nicht einen einzigen. Ich weiß einfach, dass ich absolut nichts verliere, wenn ich kein Messie mehr bin. Denn es gibt nichts zu verlieren. Ich kann nur gewinnen, wie ich schon mehrfach in diesem Buch schrieb und auch weiterhin erklären werde. Sollten Sie sich nun also dazu entschließen, Nicht-Messie zu sein, dann tun Sie das, weil Sie wissen, dass es eine Menge Vorteile bringt.

Überlegen Sie noch einmal kurz: Welchen Vorteil bringt Ihnen Ihr Messie-Dasein? Und was hingegen würde ein Leben als Nicht-Messie für Sie bedeuten? Sie sehen, die Entscheidung fällt Ihnen leicht. Und nun stellen Sie sich nochmal unser beliebtes Beispiel mit der Torte vor: Sie

möchten gerne ein Stück Torte essen. Sie entscheiden sich, ein Stück Torte zu kaufen. Sie legen das Stück Torte auf den Teller und freuen sich schon, dass Sie endlich dieses leckere Stück Torte essen dürfen, das Sie sich schon so lange gewünscht haben. Stellen Sie sich all dies ganz fest vor. Und nun halten Sie inne, holen Sie tief Luft, und sagen Sie laut und deutlich: «Ich weiß nicht, ob ich es durchhalte, dieses leckere Stück Torte, nach dem ich mich schon so lange gesehnt habe, aufzuessen.» Das ist lustig, nicht wahr? Ein völlig absurder Satz, wie uns scheint. Sie und ich würden niemals auf den Gedanken kommen, im richtigen Leben diesen Satz zu sagen. Weil wir uns mit Freude für das Stück Torte entschieden haben und uns schon ganz doll darauf freuen, es endlich essen zu dürfen.

Und absolut genauso ist es mit dem Dasein als Nicht-Messie. Sie haben sich dafür entschieden, und Sie haben sich schon ausgemalt, wie schön es wäre, endlich eine Wohnung zu haben, die so aufgeräumt und ordentlich ist, wie Sie es sich wünschen. Sie können es im Prinzip eigentlich kaum noch erwarten, endlich loszulegen. Warum, um Himmels willen, sollten Sie da etwas durchhalten müssen? Im Gegenteil: Jetzt, wo Sie sich darauf freuen, Ihr Leben endlich so zu leben, wie Sie es sich schon lange wünschen, müssten Sie große Probleme damit haben, das Chaos und die Unordnung weiter auszuhalten! Seit ich kein Messie mehr bin, *kann* ich nicht mehr chaotisch sein. Es ist weg. Ich müsste mich enorm anstrengen, um wieder chaotisch zu sein, und es geschähe mit großem Widerwillen und mit Abscheu. Denn ich will es nicht sein. Ich bin es automatisch nicht. Die Frage des Durchhaltens stellt sich überhaupt nicht. Meine Angst aus der Zeit, als ich noch dachte, dass ich ewig würde kämpfen müssen, hat sich als absolut unbegründet erwiesen. Ich muss nicht kämpfen. Ich musste nur meinem eigenen Entschluss folgen. Ich darf endlich mein lang ersehntes Stück Torte essen. Herrlich!!!

Kapitel 26

Die «Eigentlich will ich doch gar nichts ändern»-Haltung

Nun haben Sie dieses Buch so weit gelesen und stellen auf einmal fest, dass Sie doch ganz zufrieden sind und nichts ändern wollen. Dann hat das Lesen des Buchs ja seinen Zweck erfüllt. Sie stellen fest, dass Sie gar nicht zwanghaft unordentlich sind, dass der Begriff «Messie» auf Sie nicht zutrifft, weil Sie keinesfalls chaotisch und Ihrem Leben nicht gewachsen sind. Was für eine herrliche Erkenntnis! Das große Problem, von dem Sie dachten, dass Sie es hätten, ist gar kein Problem.

Ich weiß, wie erleichtert und froh Sie sich fühlen. Als ich einmal beim Fußballspielen einen schweren Schlag gegen das Schienbein bekam, dachten alle, das Bein sei gebrochen. Wie froh und erleichtert war ich, als der Doktor mir nach dem Röntgen mitteilte, alles sei ganz, ich hätte nur eine schwere und schmerzhafte Schienbeinprellung erlitten. Ich hätte jubeln können vor Freude! So geht es uns Menschen immer, wenn sich herausstellt, dass unser Problem viel kleiner ist als erwartet oder dass wir vielleicht sogar entgegen unseren Erwartungen gar kein Problem haben. Wenn Sie genauso empfinden, also feststellen, dass Sie kein wirklich großes Problem haben, dann freue ich mich sehr mit Ihnen.

Sollten Sie allerdings beim Lesen dieser Zeilen ein schlechtes Gewissen bekommen und sich ziemlich elend fühlen, dann könnte es sein, dass Sie im übertragenen Sinne vielleicht doch einen Schienbeinbruch erlitten haben. Und sich gerade nur einzureden versuchen, es handele sich lediglich um eine Prellung. Sie tun das, weil Sie schreckliche Angst vor den Folgen des Bruchs haben. Sie malen sich alle Konsequenzen in den schlimmsten Farben aus.

Was Sie dabei vergessen, ist, dass Sie nicht vor dem Problem stehen, sich in eine unangenehme Situation einfinden zu müssen (*«Bein gebrochen, was nun?»*), sondern gerade aus solch einer Situation heraus kommen! Ihr Chaos ist im übertragenen Sinne das zertrümmerte Schienbein. *Sie leben seit Jahren mit einem Schienbeinbruch und können nun endlich sagen: «Weg damit, ich will wieder ein gesundes Bein haben!»*

Und es funktioniert sogar!!!

Denn Sie können sich völlig frei entscheiden, ob Sie weiterhin so leben wollen oder nicht. Blättern Sie ein paar Seiten zurück, und lesen Sie nochmals im Kapitel 24 über die «Bei mir ist es gar nicht so schlimm»-Haltung.

Sehen Sie? Ich wiederhole es noch einmal für Sie: Es gibt keinen einzigen Grund, Angst zu haben, denn Sie haben nichts zu verlieren. Sie können nur gewinnen. Und zwar ein Leben, wie Sie es sich wünschen. Sozusagen ein Leben ohne Schienbeinbruch. Das ist der größte Gewinn, den Sie überhaupt machen können. Zweifeln Sie nicht, nehmen Sie Ihre Zukunft in die Hand. Es ist an der Zeit, zu sagen: **«So nicht mehr! Nie mehr! Weg mit der Behinderung durch Chaos!»**

Kapitel 27

Die «Ich sehe die Unordnung nicht»-Haltung

Ich muss zugeben, dass ich sehr, sehr lange über diese Haltung nachdenken musste, um sie zu verstehen und als Selbstbetrug zu entlarven. Ich wurde durch Simone mit dieser Aussage konfrontiert. Simone war ein Messie. Als ich ihr davon erzählte, dass ich meinte, das Ei des Kolumbus in Bezug auf die Lösung des Messie-Problems gefunden zu haben, war sie enorm interessiert. Ich hatte zu der Zeit dieses Buch noch nicht einmal angefangen und daher meine Gedanken noch nicht schlüssig geordnet. Ich wusste nur, dass man sich selbst entscheiden kann, dass man keine Angst haben muss, dass man nur gewinnen kann und dass alles ganz einfach ist. Ich hatte ja schon angefangen, mein Chaos dauerhaft zu beenden.

All das erzählte ich Simone mit einer gewissen Begeisterung. Simone aber sagte nur: «Ach, ich wünschte, es wäre bei mir auch so. Ich möchte ja kein Messie mehr sein, aber ich sehe einfach die Unordnung nicht.» Was meinte sie damit? Sie meinte, dass sie zum Beispiel eine Kaffeetasse von der Küche mit ins Wohnzimmer nahm und dort dann einfach stehen ließ. Weil sie sie nicht mehr wahrnahm, weil sie sie einfach nicht mehr sah. So behauptete sie jedenfalls. Ich war ratlos. Bis ich mich daran erinnerte, dass auch ich einen so genannten «Tunnelblick» entwickelt hatte, als ich noch Messie war. Ich hatte mir Gänge durch mein Chaos gebaut, um durch meine Wohnung zu kommen. Ich entwickelte ausgesprochen beeindruckende bergsteigerische Fähigkeiten, um mich überhaupt fortbewegen zu können. Und ich nahm irgendwann das Chaos nicht mehr wahr. Als ich mich jedoch dazu entschlossen hatte, kein Messie-Dasein mehr zu führen, sah ich auf einmal kleinste Staubflocken. Sie störten mich, und ich saugte sie einfach weg.

Wie kommt man aber nun dazu, seine Wahrnehmungsfähigkeit zu ändern? Als Erstes muss man sich aus der Opferrolle «Ich kann das einfach nicht» herausbegeben. Denn diese Haltung ist eine ganz gemeine Selbstentmachtung. Man nimmt sich selbst von vornherein die Möglichkeit, etwas zu ändern, indem man sich einfach eine Fähigkeit abspricht. Ich sage: Jeder kann alles. Auf welchem Niveau, hängt natürlich ganz vom Talent ab.

Ich will ein kleines Beispiel nennen: Als ich noch ein ganz junger Bursche war, verdiente ich mir ein bisschen Geld, indem ich Gitarrenunterricht gab. Ich hatte zwei Schüler, die meine Väter hätten sein können. Beide wollten schon immer Gitarre spielen, glaubten aber, es einfach nicht lernen zu können. Ich fragte sie also, was sie denn überhaupt gerne spielen würden. Beide hatten sehr geringe Ansprüche, sie wollten einfach nur ein paar ihrer Lieblingslieder spielen und ihren eigenen Gesang begleiten. Sie ahnen schon, was passierte: Ich brachte den beiden Schülern genau das bei, und sie waren künftig glückliche Hobby-Gitarristen, die noch Jahre später ihrer Umgebung mit den ewig gleichen Liedern auf die Nerven fielen. Aber sie konnten im Rahmen ihres Talents absolut passabel Gitarre spielen. Hätten sich diese beiden Männer aber auf die Position «Ich kann das sowieso nicht» zurückgezogen, dann wäre gar nichts draus geworden. Ich bat Simone also, sich überhaupt einmal zu gestatten, ihr Chaos wahrzunehmen. Als sie sagte: «Okay, es könnte durchaus sein, dass ich es irgendwann doch einmal mitbekomme, wenn ich eine Kaffeetasse stehen lasse. Es könnte sein, dass ich sie wahrnehme», war der Knoten gelöst. Simone gestattete sich, ihr Chaos wahrzunehmen. In diesem Moment wurde ihr bewusst, dass nur sie selbst verantwortlich für den Zustand ihrer Wohnung war und dass sie zudem frei entscheiden konnte, wie die Wohnung auszusehen hätte. Sie begriff, dass nicht irgendetwas im Kopf oder im Stoffwechsel oder irgendeine höhere Macht sie daran hinderte, etwas zu können, sondern dass sie es sich einfach nicht zutraute, gestattete oder wie auch immer man das nennen will. Denn Simone nahm ja eigentlich durchaus wahr, dass sie ein Messie war. Sie glaubte bloß, etwas nicht zu können, das man braucht, um das Chaos zu beseitigen, nämlich das Chaos wahrzunehmen. Tatsächlich sah sie in genau dem Moment das Chaos, als sie es sich gestattete.

Mir ging es ähnlich: In dem Moment, als ich mich dazu entschloss, keine Messie mehr zu sein, sah ich auf einmal das Chaos in seinem ganzen Ausmaß. Mir fielen herumstehende Gläser auf, ich sah Staubflocken, ich nahm nicht ausgepackte Taschen wahr. Und ich merkte auf einmal, dass ich all diese Dinge nicht so haben wollte. Ich räumte die Gläser weg und fühlte mich gut. Ich entschied, den Staub nicht mehr haben zu wollen, und saugte ihn weg. Ich beschloss, die nicht ausgepackten Taschen nicht mehr zu dulden, und packte sie aus. Ich entschied mich dafür, nie mehr über Dinge steigen zu müssen, und räumte sie weg. Ich beschloss, dass keine Kleidungsstücke mehr in der Wohnung verstreut liegen sollten. Und so packte ich die Kleidungsstücke weg. Ich hatte keine Lust mehr, auf nicht ausgepackte Kartons zu schauen, und räumte sie aus. Ich erlaubte mir einfach, diese Dinge zu tun. Ich nahm Bohrer, Wasserwaage und Bleistift zur Hand und hängte Regale auf. Ich dachte einfach: «Junge, warum solltest du das nicht können? Wenn andere das können, dann kannst du es auch!» Ich werde nie ein perfekter

Heimwerker werden, weil mein Interesse dafür nicht ausreicht. Aber ich kann Regale gerade aufhängen. Als ich das begriff, war es auf einmal sehr einfach, mit der «Ich sehe die Unordnung einfach nicht»-Haltung umzugehen. Wer sich dafür entscheidet, kein Messie mehr zu sein, gestattet sich eine grundsätzliche Entscheidungsfreiheit. Wer von der Annahme ablässt, nicht verantwortungsbewusst handeln zu können, weil irgendwas oder irgendwer ihn im Griff hat, der hält alle Chancen in den eigenen Händen. Und der wird ganz automatisch, vielleicht auch mit erstaunter Freude, sein eigenes Chaos wahrnehmen und ohne Probleme beenden. Weil es der eigene Wunsch und Wille ist. Nicht mehr, aber auch nicht weniger!

Kapitel 28

88 Die bösen Fallen

Ich habe Ihnen bisher in 27 Kapiteln dargelegt, warum es absolut gewinnbringend ist, sich für eine Beendigung des Messie-Daseins zu entscheiden. Ich habe Ihnen erklärt, dass Ängste absolut unbegründet sind, weil Sie vor der Zukunft, die nur Positives bringt, keine Angst haben müssen, sondern im Gegenteil mit Freuden und viel Spaß darangehen können, endlich so zu leben, wie Sie es sich immer gewünscht haben. Sie lesen immer noch weiter, also haben Sie sich dazu entschlossen, ein Nicht-Messie zu sein und den acht Anweisungen vom Anfang des Buches zu folgen. Das freut mich sehr!

Ich darf Ihnen die erfreuliche Mitteilung machen, dass Sie es fast geschafft haben. Sie haben Ihre Entscheidung getroffen; Sie haben erkannt, dass Sie keinen Grund zur Angst, sondern nur Grund zu Freude haben; Sie wissen, dass Sie absolut nichts verlieren, aber alles gewinnen können. Fantastisch!!! Jetzt will ich Ihnen noch ein paar Stolpersteine und Fallen veranschaulichen. Keine Angst, diese Fallen und Stolpersteine haben nichts mit Ihnen zu tun. Sie könnten im Prinzip sofort loslegen. Aber es kann sein, dass von außen Aussagen und Meinungen an Sie herangetragen werden, die Sie eventuell verunsichern könnten. Nicht, weil Sie tatsächlich falsch liegen, sondern weil es Menschen gibt, die Ihnen Ihr Glück nicht gönnen. Das liegt wiederum keinesfalls daran, dass diese Menschen bösartig sind. Nein, sie haben nur selbst ein oder zwei Probleme, die sie nicht in den Griff bekommen. Und nun könnten diese Leute versuchen, sich selbst von ihren eigenen Problemen und den damit verbundenen Minderwertigkeitsgefühlen abzulenken, indem sie versuchen, Sie zu verunsichern und klein zu machen.

Ich will nicht behaupten, dass das auf jeden Fall passieren wird, aber es fällt Menschen aus mir absolut nicht verständlichen Gründen oft schwer, sich für andere zu freuen. Vielleicht hat das einfach damit zu tun, dass ein starker anderer im übertragenen Sinne das eigene Überleben erschwert. Könnte ein uralter Instinkt sein. Ich bin jedoch weder Soziologe noch Biologe, insofern handelt es sich bei meinen Aussagen um reine Vermutungen und Schlussfolgerungen aufgrund meiner bisherigen Lebenserfahrung. Sie kennen sicher den Begriff des «Angstbeißers». Der Mensch ist ein «Angstbeißer». Alles, was ihm Angst macht, wird «verbellt» und «gebissen». Wenn Sie nun also gut gelaunt und fröhlich darangehen, Ihr Leben komplett neu zu leben, dann kann es sein, dass Sie dem einen oder anderen Angstbeißer begegnen. Das muss nicht so sein, kann aber. Deswegen gebe ich Ihnen einen kleinen Überblick über die mir bis heute bekannten Fallen, in die Sie laufen könnten. Diese Fallen könnten Sie ein bisschen verunsichern. Doch dazu besteht absolut kein Grund, denn Sie haben die richtige Entscheidung getroffen und sind auf dem absolut richtigen Weg. Raus aus dem Chaos, rein ins Glück!!!

Vorsicht, Falle! Während meiner Teilnahme an der Messie-Selbsthilfegruppe war eines der Hauptziele immer das «Loslassenlernen». Damit war gemeint, zu lernen, sich von Dingen zu trennen. Messies, vor allem diejenigen, die zu den Jägern und Sammlern gehören, können nämlich Dinge nicht wegwerfen. Daraus schließen viele Menschen, dass Messies Dinge nicht loslassen können, an ihnen hängen und unter Verlustängsten leiden. Das ist zweifelsohne richtig. Jedoch, und hier irren die Anonymen Messies und sämtliche selbst ernannten Fachleute, *fällt es Messies keinesfalls schwerer* als Nicht-Messies, Dinge loszulassen. Messies leiden keinesfalls stärker an Verlustängsten als jeder Nicht-Messie. Das Missverständnis kommt an dem Punkt auf, an dem Messies versuchen, an ihr Chaos und dessen Handhabung die Maßstäbe von Nicht-Messies zu legen. Eine sehr gefährliche Falle, denn sie beinhaltet fast zwangsläufig das Scheitern des chaotischen Menschen.

Ich will das an einem Beispiel erläutern: Ein Nicht-Messie wirft ein kaputtes Radio weg, weil es für ihn keinen Wert mehr besitzt. Für einen Messie, der technische Geräte sammelt, kann dieses kaputte Radio einen Wert besitzen, und er wird es nicht wegschmeißen. Wenn nun ein Nicht-Messie sagt: «Du musst aber mal lernen, loszulassen», bekommt der Messie sofort ein schlechtes Gewissen und einen gewaltigen Minderwertigkeitskomplex. Er kann nicht loslassen, er ist nicht normal.

Falsch!

Auch ein Messie kann sehr gut loslassen, und zwar alles, was für ihn keinen Wert hat. Stellen Sie sich einmal vor, ein Messie nimmt aus Versehen eine glibbrige, verweste Masse in die Hand, etwas, das früher mal eine lebende Ratte war. Absolut widerwärtig dieser Gedanke, nicht wahr? Was meinen Sie, wie schnell der Messie dieses eklige Zeugs mit einem Schrei des Entsetzens so weit wie möglich von sich schleudert! Er kann sofort und ohne Probleme loslassen, weil dieses Ding für ihn keinen Wert besitzt und ihm sogar eklig ist.

Und nun wollen wir uns anschauen, wie man diese Falle nicht nur umgeht, sondern warum Sie als entschiedener Nicht-Messie auf die ohnehin unsinnige Forderung nach dem «Loslassenlernen» nicht weiter eingehen müssen. Das Umgehen der Falle findet in dem Moment statt, wenn man sich dafür oder dagegen entscheidet, ein chaotisches Leben zu führen. Wenn Sie in Ihrem Chaos bleiben wollen, dann sollten Sie das bewusst und entschieden tun. Sie werden dann wie bisher aufbewahren, was für Sie einen Wert hat, und Sie werden, wie bisher auch, verweste Ratten wegwerfen.

Sollten Sie sich hingegen dafür entschieden haben, ein Nicht-Messie zu werden, dann haben Sie sich gegen das Chaos entschieden. Und Sie haben in Kapitel 14 gelesen, warum die Angst, etwas zu verlieren, Unfug ist. Sie werden weiterhin entscheiden, was für Sie von Wert ist, und das werden Sie auch behalten. Aber das wichtigste Entscheidungskriterium wird immer sein, dass Sie kein Chaos mehr wollen. Sie werden automatisch Dinge wegwerfen. Weil sie wertlos für Sie sind. Sie müssen nicht lernen, loszulassen. Sie können es bereits. Sie konnten es immer. Nur die Wertschätzung für Dinge hat sich geändert! Lassen Sie sich nichts anderes einreden.

Kapitel 30

92 *Die Falle «Lassen Sie sich helfen, und seien Sie nicht dabei, wenn bei Ihnen aufgeräumt wird»*

Eine der absolut gemeinsten Fallen. Und zwar deswegen, weil es sich dabei um einen eigentlich gut gemeinten Ratschlag handelt, der zudem im ersten Moment noch logisch klingt. Sie und ich wissen aber glücklicherweise, dass dieser Ratschlag total nach hinten losgeht und auf keinen Fall befolgt werden darf! Warum? Ganz einfach, weil dieser Vorschlag von der falschen Annahme ausgeht, ein Messie würde immer ein Messie bleiben und dementsprechend das Aufräumen der eigenen Wohnung und das Wegschmeißen von Dingen als Verlust erleben. Also darf er nicht dabei sein, weil er sonst doch alles behalten würde. Nur wenn man so denkt, kann man auf den Gedanken kommen, einem Menschen zur Abwesenheit bei einer großen Aufräumaktion in der eigenen Wohnung zu raten. Was der oder die gut meinende Ratgeber(in) damit bewirkt, ist das genaue Gegenteil einer nachhaltigen Hilfe. Der Wohnungsinhaber wird zeit seines Lebens immer das Gefühl haben, dass ihm eine grundlegende Entscheidungsfreiheit genommen wurde. Er wird immer einen Verlust empfinden, weil er nur ahnen kann, was alles weggeschmissen wurde.

Das Gemeinste an der Sache aber ist: Er wird nicht deswegen einen Verlust empfinden, weil er etwas weggeschmissen hat, was er vielleicht irgendwann vermisst. Nein, er weiß noch nicht einmal, was alles weggeschmissen wurde. Der arme Mensch wird also immer mit der Vermutung leben müssen, eventuell für ihn wertvolle Dinge verloren zu haben. Und er wird ständig gegen dieses Verlustgefühl ankämpfen müssen. Ein fürchterliches Schicksal!

Sie wissen mittlerweile, dass Sie solche Ratschläge nicht brauchen, dass sie Ihnen sogar eher gefährlich werden können. Denn Sie wissen, dass Sie absolut frei und selbständig entscheiden können, was Sie behalten wollen. Sollten Sie sich dafür entschieden haben, das Leben eines Nicht-Messies zu führen, also das Chaos zu beseitigen, und sollten Sie Kapitel 14 wirklich verstanden haben, dann werden Sie Dinge wegwerfen, dass es eine Freude ist. Und sollten Sie sich dazu entschließen, Ihre turmhohen Zeitungsstapel doch zu behalten, dann werden Sie diese zumindest in der Zukunft nutzen und genießen. Und wenn doch nicht, dann einfach weg damit! Denn Sie wollen kein Chaos mehr. Ihre Entscheidung!!!

Übrigens: Sich Hilfe zu holen ist immer gut. Wenn Sie Altpapier und Altglas wegbringen wollen, aber alleine fünfzigmal zum Container laufen müssten, dann spricht nichts dagegen, mit Hilfe von Freunden die Lauffrequenz zu verringern. Jedoch entscheiden selbstverständlich nur und ausschließlich Sie, was Sie behalten und was Sie weggeben wollen. Denn nur Sie bestimmen, wie Sie leben wollen!

Kapitel 31

94 *Die Falle «Das ist doch noch gut»*

Eine der in Kapitel 30 geschilderten Falle artverwandte Gemeinheit. Die Aussage eines Helfers mit dem Tenor: «Wieso willst du *das* denn wegwerfen? Das ist doch noch gut», ist eine massive Missachtung des persönlichen Willens des Ex-Messies. Sie ist deshalb so gemein, weil die in diesem Buch beschriebene Standpunktveränderung nicht bei jedem Menschen sofort felsenfest verankert werden kann. Ich tue zwar alles, damit Sie Ihre Entscheidung, ein Nicht-Messie zu sein, bewusst, faktisch unterfüttert, mit Freude und voller Selbstbewusstsein fällen. Aber wenn ein Mensch jahrelang nach bestimmten Gesetzen gelebt hat, dann bedarf es einer großen Erkenntnisfähigkeit, um zu dem Schluss zu kommen, dass man den für sich persönlich falschen Blickwinkel hatte. Schon kleine Stiche können bei unsicheren Menschen Zweifel auslösen. Deswegen seien Sie absolut sicher, dass Sie richtig entscheiden. Sollte jemand beim Helfen finden, dass ein Gegenstand, den Sie vernichten wollen, «noch gut» sei, *dann schenken Sie ihn einfach der betreffenden Person.* Und schon haben Sie das Problem nicht mehr. Übrigens: In den meisten Fällen wird die Person das Geschenk ablehnen. Sooo gut ist es nämlich meistens doch nicht. Sollten Sie etwas wegwerfen wollen, was für einen Helfer tatsächlich von Wert ist, so wird der Helfer fragen: «Darf ich das haben?» Eine ganz andere Aussage, als die kleine «Das ist doch noch gut»-Gemeinheit.

Kapitel 32

Die Falle «Ich glaube das nicht»

Ob Sie es glauben oder nicht, es gibt mit absoluter Sicherheit irgendwo auf dieser Welt Menschen, die sagen: «Ich glaube absolut nichts von dem, was dieser Mensch da aufgeschrieben hat.» Das kann drei Gründe haben: Zum einen gehören diese Menschen zu den Messies und haben einfach Angst vor dem, was vermeintlich auf sie zukommt, wenn sie ihr Leben ändern würden.

Meine Freundin Beate gehörte zu dieser Kategorie. Als ich noch ganz frisch unter dem Eindruck meiner Entdeckung stand und schon leicht und locker loslegte mit Aufräumen, Einrichten und Saubermachen, erzählte ich Beate von meiner Erkenntnis. Tenor: Es ist ganz einfach. Was denken Sie, was Beate sagte? Nicht etwa: «Das ist aber interessant, wie geht denn das?» Nein, sie sagte einfach: «Das glaube ich nicht.» Ich fühlte mich wie vor den Kopf gestoßen. Ansonsten konnte ich Beate nämlich den größten Unfug erzählen, sie glaubte fast alles. Nun aber, als ich die wirklich wichtigste Erkenntnis meines Lebens erfahren hatte, sagte sie einfach: «Das glaube ich nicht.»

Ich musste lange nachdenken, bis ich begriff, warum Beate sich so abwehrend verhielt. Sie konnte es sich schlichtweg nicht vorstellen, dass die Sache einfach sein könnte. Zu sehr litt sie unter ihrem Zustand, zu oft hatte sie vergeblich versucht, ihn zu ändern. Und sie wusste für sich, dass die Lösung des Problems für sie nur unter Schweiß und Tränen möglich sein würde. Als da plötzlich ein gut gelaunter Hallodri wie ich ankam und einfach mal so behauptete, alles sei ganz leicht, konnte Beate gar nicht anders reagieren.

Wenn Sie also nun jemandem gegenübertreten, der

auch Messie ist und so reagiert, nehmen Sie es ihm nicht

übel, sondern verstehen Sie diesen Menschen. Er weiß es noch nicht besser, und er hat Angst. Erklären Sie diesem Menschen einfach, dass er, um sein Problem zu lösen, nichts tun *muss*. Dass niemand etwas von ihm verlangen wird. Dass er behalten kann, was er will. Dass er herumliegen lassen darf, was er will. So können Sie ihm ganz leicht die Angst nehmen und sein Interesse wecken. Nur auf diese Weise können Sie ihm Ihre Erkenntnis nahe bringen.

Die zweite Kategorie muss einfach widersprechen. Sollten Sie jemanden treffen, dem Sie von diesem Buch erzählen und der es abtut mit Worten wie: «Einfach ist gar nichts, das muss ja eine ganz billige Masche gewesen sein,» oder: «Na, da hast du aber eine ganz schöne Gehirnwäsche bekommen. Es ist doch eine allgemein bekannte Tatsache, dass nichts im Leben einfach ist», dann soll Sie das nicht ärgern. Mal abgesehen davon, dass solche Aussagen natürlich Unfug sind (stellen Sie sich doch noch einmal das Torten-Beispiel vor. Es ist absolut nicht schwer, ein Stück Torte zu essen, wenn man das gerne möchte!), lassen Sie sich von solchen Fallenstellern nicht beeindrucken. Überlegen Sie sich kurz Folgendes: Was bedeuten diese Einwände denn letztlich für Sie? Genau: nichts! Sollen diese Leute doch weiterhin glauben, dass nichts im Leben einfach ist und dass in diesem Buch Unfug steht. Sie wissen es besser.

Ich will Ihnen aus einem anderen Bereich ein kleines Beispiel für verschwendete Energie bei Diskussionen geben. Sie haben sicherlich schon mal davon gehört, dass es parapsychologische Phänomene geben soll. Dass zum Beispiel Menschen in der Lage sind, Dinge kraft ihrer Gedanken zu bewegen. Anhänger dieser Parawissenschaft legen nun ihre ganze Energie in die Aufgabe, zu beweisen, dass es so etwas wirklich gibt. Ich sage: Versucht nicht zu beweisen, dass es so etwas gibt. Wenn es das wirklich gibt, dann nutzt es doch einfach. Wenn es sinnvoll eingesetzt werden kann zum Wohl der Menschheit, oder zumindest zum Nutzen des parapsychologisch Begabten, dann ist das doch toll und sollte reichen. Warum Nörglern beweisen, dass es so etwas gibt? Wenn man auf Nörgler und Zweifler hören würde, dann säßen wir immer noch auf Bäumen und würden die Keulen schwingen.

Sie wissen nun, dass das Messie-Problem leicht gelöst werden kann. Debattieren Sie nicht darüber, laufen Sie nicht in die Rechtfertigungsfalle. Nutzen Sie einfach Ihr Wissen für sich. Das genügt vollauf.

Die dritte Kategorie der «Ich glaube das nicht»-Fallensteller könnte aus einem Bereich kommen, den ich hier oft erwähnt habe, und zwar aus der Gruppe der Anonymen Messies. Denn was in diesem Buch steht, ist in der Konsequenz genau das Gegenteil dessen, was die Anonymen Messies denken. Dieses Buch geht davon aus, dass man sein Messie-Dasein ein für alle Mal beenden kann. Die Anonymen Messies glauben dagegen, dass man immer Messie bleiben wird und unter Zuhilfenahme des Zwölf-Schritte-Programms dieses Problem bekämpfen kann. Wir hingegen wissen: Ein Problem soll man lösen und nicht bekämpfen. Nun sind die Anonymen Messies aber keine richtige Organisation, sondern der Name ist einfach der Oberbegriff für eine Form von Selbsthilfegruppen mit festen Regeln. Sollten also Mitglieder der Anonymen Messies Ihren Weg anzweifeln, dann laden Sie diese Menschen einfach dazu ein, es einmal auszuprobieren. Wenn sie ablehnen, dann kann Sie das nicht aus der Ruhe bringen. Also: Wenn Ihnen jemand entgegentritt mit dem Satz: «Ich glaube das alles nicht», dann können Sie ganz entspannt sagen: «Brauchst du auch nicht. Kann ja jeder machen, wie er will. Bei mir hat's auf jeden Fall gewirkt.»

Kapitel 33

Die Falle «Unkonventionalität»

Sie sind schon immer ein bisschen anders gewesen, nicht wahr? Schon immer zeichneten Sie sich durch Kreativität und einen eigenen Kopf aus. Man lobte Sie schon früher für Ihre unkonventionelle Art. Sie fingen an, Ihre Neigung zum Chaos als Ausdruck dieser unkonventionellen Art zu pflegen. Und hier lauert eine besonders gemeine Falle, denn diese Art zu leben könnte Sie dazu verleiten, Angst zu bekommen. Angst davor, Ihre Unkonventionalität zu verlieren, wenn Sie Ihr Leben ändern.

Ich will Ihnen dazu eine kleine Geschichte erzählen. Ich arbeite seit Jahren in der Musikbranche. Dort habe ich so ziemlich alles an Aufgaben erledigt, was die Branche zu bieten hat. Unter anderem war ich auch Tourbegleiter, das heißt, ich habe Musikgruppen betreut, wenn sie auf Konzertreise waren. Ich lernte viele Menschen kennen, reiste durch die Weltgeschichte und führte ein Leben fernab des durchschnittlichen bürgerlichen Lebens. Mir war klar, dass ich aufgrund meiner Persönlichkeitsstruktur bestimmte Lebensformen, die allgemein als Standard gelten, nicht zu meinen eigenen machen wollte. Ich führte ein unkonventionelles Leben. Als ich nun daranging, mein Messie-Dasein zu verlassen, hatte ich ein bisschen Angst. Angst davor, zu einem «normalen», bürgerlichen Langweiler zu werden, wenn ich denn nun aufräumen und Ordnung halten würde. Eine fiese Falle! Denn ich vermengte Dinge, die nicht zusammengehörten. Sein Chaos zu beseitigen und in einer Wohnung zu leben, wie man sie sich immer gewünscht hat, heißt keineswegs, dass man seinen Charakter unterdrücken muss. Im Gegenteil: Die eigenen

Charaktereigenschaften können sich sogar viel besser entfalten, wenn man das Chaos beseitigt hat.

Ich arbeite immer noch in der Musikbranche und gehe immer noch regelmäßig auf Tour. Es hat sich in dieser Hinsicht nichts geändert. Aber: Ich komme jetzt *gerne* wieder nach Hause. Denn zu Hause ist es endlich schön. Wenn ich vor der Reise die Küche komplett in Ordnung gebracht habe, dann haut es mich immer noch jedes Mal aus den Schuhen vor Begeisterung, wenn ich nach Hause komme, und die Küche ist aufgeräumt und sauber. Ich kann also mein Leben nicht nur genauso führen wie früher, ich kann es sogar schöner und besser erleben. Meine Individualität wird keinesfalls gedeckelt durch vermeintlich spießige Verhaltensweisen zu Hause. Nein, sie wird im Gegenteil gefördert, weil ich mich nun rundherum wohl fühle, gerne zu Hause bin, mir eine schöne Umgebung geschaffen habe. Und zudem meine Individualität nun sogar noch beim Gestalten meiner Wohnung ausleben kann. Das Fazit ist klar: Man kann nichts, absolut nichts verlieren, wenn man sein Chaos beseitigt. Man kann nur und auf ganzer Linie gewinnen.

Kapitel 34

Die Falle «Ich glaube dir erst, dass du kein Messie mehr bist, wenn ...»

Als ich meinem Freund Markus, der auch ein Messie ist, von meiner Erkenntnis und meinen Fortschritten beim Beseitigen des Chaos in meiner Wohnung erzählte, da sagte er einen Satz, der machte mich sprachlos, ja, er brachte mich ganz und gar aus der Fassung. Denn ich verstand absolut nicht, was Markus damit ausdrücken wollte. Er sagte: «Ich glaube dir erst, dass du kein Messie mehr bist, wenn du deinen alten Schreibtisch wegschaffst.» Ich staunte. Mein alter Schreibtisch gehört zu meinen liebsten Möbelstücken, und ich käme niemals auf die Idee, gerade diesen Schreibtisch wegzuwerfen. Neben der Frechheit, mir meine Veränderung absprechen zu wollen, berührte mich vor allem die für mich absolut nicht nachvollziehbare Verbindung zu diesem Schreibtisch. Ich fragte also nach einer kurzen Schrecksekunde nach, und Markus' Antwort klärte die Situation. Er sagte: «Man muss doch die alten Dinge aus der Vergangenheit weggeben. Erst wenn man nicht mehr in den Erinnerungen lebt, kann man sich von Dingen trennen.» Ich begriff. Abgesehen davon, dass Markus sich im Kern seiner Aussage irrte (nicht die Trennung von der Vergangenheit ermöglicht die Veränderung, sondern einfach die Entscheidung, ein Nicht-Messie zu sein), war mein alter Schreibtisch nicht mein Problem, sondern Markus' Problem. Er hatte offenbar Schwierigkeiten damit, sich von alten Dingen zu trennen, projizierte sein Problem auf mich und sprach mir deshalb meine Veränderung ab. Das ist eine enorm gemeine Falle, weil der Fallensteller es nicht mit Absicht tut, sondern einfach mit Scheuklappen durch die Gegend läuft und nicht begreifen kann, dass das

Messie-Dasein in tausend verschiedenen Formen vorkommt und allen Messies nur gemein ist, dass sie nicht so leben, wie sie es eigentlich möchten. Lassen Sie sich also von niemandem erzählen, ab wann Sie kein Messie mehr sind. Es würde ja auch niemand auf die Idee kommen, einem Ex-Raucher zu sagen: «Ich glaube erst, dass du Nichtraucher bist, wenn du nicht mehr so mit den Füßen scharrst.» Ein Nichtraucher ist jemand, der nicht raucht. Punkt! Ein Nicht-Messie ist jemand, der nicht im Chaos lebt und seine Lebensumstände nach den eigenen Wünschen gestaltet. Ob man dafür seinen alten Schreibtisch behält oder weggibt, ist nicht entscheidend. Es zählt einzig und allein, dass man bewusst und aus freiem Willen entscheidet.

Kapitel 35

Die Falle «Ewiger Kampf»

Diese Falle haben Sie schon fast umgangen. Deswegen will ich das Thema nur kurz anschneiden. Wenn man als Messie noch nicht begriffen hat, dass man nichts verliert, wenn man sein Leben ändert, dann könnte man auf den Gedanken kommen, dass man ständig kämpfen müsste, um in Sauberkeit und Ordnung zu leben. Wenn man glaubt, kämpfen zu müssen, um sich zu verändern, dann hat das immer damit zu tun, dass man glaubt, irgendetwas zu verlieren. Seien es Gegenstände, Charaktereigenschaften, Rechte wie Freiheit, freier Wille und so weiter.

Wir wissen mittlerweile, dass wir in all diesen Punkten nur gewinnen können, wenn wir unser Leben verändern. Wir verlieren keine Gegenstände, die uns etwas bedeuten, wir bekommen im Gegenteil Raum und Freiheit, diese wichtigen Dinge endlich wahrzunehmen und zu genießen. Wir verlieren keine wertvollen Charaktereigenschaften wie das generelle Interesse für Dinge oder individuelles Denken. Im Gegenteil: Wir erhalten Raum und Freiheit, unseren Interessen wirklich nachzugehen und unser individuelles Denken in einer heimeligen, schönen Umgebung zu entfalten. Und wir verlieren nicht Rechte wie Freiheit und unseren Willen, sondern lernen im Gegenteil, unseren Willen auszuleben und in Freiheit zu entscheiden, wie wir leben wollen.

Nochmals: Niemand, der wirklich und absolut gerne in Chaos und Dreck leben will, soll sein Leben ändern. Aber wer sein Leben ändern will, muss nicht kämpfen, sondern sich einfach nur entscheiden. «Ich will kein Messie mehr sein!!!» Das reicht.

Wer Ihnen erzählt, dass man immer kämpfen muss, ist
104 bedauernswert, denn er ist noch nicht zu dieser Erkenntnis gekommen.

Kapitel 36

Die Falle «Ich muss das alleine schaffen»

Das ist eine ziemlich hinterhältige Falle, weil die Aussage ganz knapp an der Wahrheit vorbeischrammt. Aber knapp vorbei ist auch daneben, wie man so schön sagt. Was Sie alleine schaffen müssen, ist, sich zu entscheiden. Niemand kann Ihnen Ihre Entscheidung abnehmen. Niemand kann sagen: «Alles klar, ich habe entschieden, dass du zukünftig ein Nicht-Messie sein wirst.» Das würde Sie nicht zu einem Nicht-Messie machen. Diese Entscheidung müssen Sie ganz alleine fällen, diesen Satz müssen Sie ganz alleine sagen. Laut, deutlich, vielleicht sogar in Gegenwart von Zeugen, die dann hoffentlich laut jubeln. Aber aussprechen müssen Sie diesen Satz selbst. Damit hat es sich aber auch schon.

Für den ganzen Rest können Sie sich Hilfe holen, so viel Sie wollen. Zum Aufräumen, zum Wegschmeißen, zum Saubermachen, zum Altpapier-, Glas- und Müllwegbringen – für alle diese Dinge können und sollten Sie sich Hilfe holen, denn dann geht alles schneller und besser. Und Sie werden erstaunt sein: Wenn Sie Ihren Freunden und Bekannten offen gegenübertreten, werden diese Ihnen gerne helfen. Sollten Sie keine Freunde und Bekannten haben, weil Sie mittlerweile sehr vereinsamt sind, dann wenden Sie sich an kirchliche Organisationen, an Sozialdienste oder ähnliche Einrichtungen. Diese sind immer bereit, Menschen helfend zur Seite zu stehen. Aber tappen Sie nicht in die Falle und glauben, alles alleine machen zu *müssen*. Das setzt Sie nur unter Druck und steht nirgendwo geschrieben. Um aber gegebenenfalls Hilfe holen zu können, müssen wir eine weitere Falle kennen, benennen und umschiffen.

106 *Die Falle «Scham»*

Diese Falle ist deshalb gemein, weil sie oberflächlich betrachtet nur mit Ihnen selbst zu tun hat. Wer sich schämt, der wird sich keine Hilfe holen, sondern sich unter Druck setzen und sich vielleicht sogar überlasten. Aber: Auch diese Falle wird von außen an Sie herangetragen. Wenn niemand jemals auf die Idee käme, Dinge zu sagen wie: «Iiiieh, wie sieht es denn bei dir aus?», oder: «Na, du musstest wohl zu Hause auch nie anpacken, was?», dann gäbe es auch keinen Grund für Sie, zu glauben, sich schämen zu müssen. Sie sind ja eigentlich schon lange so weit, sich nicht mehr schämen zu müssen. Sie haben Ihr Problem erkannt, Sie haben sich dazu entschlossen, es zu lösen. Sie haben sich sogar schon dafür entschieden, kein Messie mehr zu sein. **Sie sind kein Messie mehr!** Sie müssen jetzt nur noch den praktischen Teil erledigen, der Ihnen leicht fallen wird. Sie können also zu einem potenziellen Helfer gehen und einfach sagen: «Du, ich hatte da ein Problem. Ich lebte im Chaos und will das nun für immer ändern. Zum Aufräumen und Putzen brauche ich Hilfe. Es sieht natürlich wild bei mir aus, aber es geht eben genau darum, das zu ändern. Willst du mir helfen?» Sie können sogar sagen: «Bitte mach keinen Kommentar und lach nicht, das kann verletzend sein.»

Es gibt keinen Grund, sich zu schämen. Das absolute Gegenteil ist der Fall: Sie können mächtig stolz auf sich sein. Sie haben eine gewaltige Standpunktveränderung vorgenommen und sind jetzt in der Lage, Verantwortung für das eigene Leben zu übernehmen und es nach den eigenen Wünschen zu gestalten. Genauso, wie Sie sich entschieden haben, nämlich klar und deutlich, genauso können Sie auch nach außen auftreten. Selbstbewusst, frei von Scham!!!

Kapitel 38

108 *Die Falle «Ich bin eben ein Freigeist»*

Diese Falle gehört zu den wenigen Fallen, die nicht von außen aufgestellt werden, sondern die Sie selbst aufstellen. Denn Sie bauen sich damit eine Entschuldigung dafür, nichts zu ändern. Sie als Freigeist haben sich ebendieses Leben gewählt, weil Sie selbst entscheiden wollen, wie Sie leben. Vorsicht, Falle! Denn in diesem Buch wird absolut nichts anderes behauptet, als dass Sie genau dieses Recht haben: zu entscheiden, wie Sie leben wollen. Sie wissen: Wenn Sie leben wollen wie bisher, also als Messie im Chaos, dann sollen Sie genau das tun. Wenn Sie etwas ändern und ein Nicht-Messie sein wollen, dann sollen Sie genau das tun. In beiden Fällen entscheiden Sie als Freigeist ganz allein und selbstbestimmt, wie Sie leben wollen. Aber benutzen Sie nicht das «Argument», ein Freigeist zu sein, als Begründung dafür, nichts zu ändern. Denn diese Aussage bedeutet nur eines: dass Sie Angst haben, etwas zu verändern, weil Sie befürchten, zu scheitern oder etwas zu verlieren. Beides wird nicht der Fall sein, wie ich in den vorangegangenen Kapiteln dargelegt habe. Lesen Sie diese Kapitel noch einmal aufmerksam. **Sie können nichts verlieren, sie können nicht scheitern!**

Kapitel 39

Diese Falle befremdet Sie zu Recht ein wenig. Denn natürlich werden Sie es schaffen. Sie haben es sogar schon geschafft. Sie haben sich frei für eine Lebensform entschieden. Sie wollen das Leben eines Nicht-Messies führen. Und genau hier ist die Falle aufgestellt: Sie sind schon so weit. Es geht nicht mehr darum, dass Sie etwas schaffen müssen. Es gibt keine Hürde, keinen Berg mehr. Es gibt nur noch ein bisschen Arbeit, gewissermaßen ein paar Hausaufgaben, zu erledigen. Aber Sie stehen dem Chaos nicht mehr ohnmächtig gegenüber. Sie wollen es beseitigen, dazu haben Sie sich schon vor ein paar Kapiteln entschlossen. Zu «schaffen» gilt es nichts mehr. Sie haben es bereits geschafft.

Lassen Sie mich eine kleine Begebenheit erzählen: Mein Kollege Lars beschloss vor ein paar Jahren, mit dem Alkoholtrinken aufzuhören. Er wurde zum Nicht-Trinker. Aber anstatt zu sagen: «Nun bin ich Nicht-Trinker. Ich trinke nicht mehr», sagte er: «Ich werde es auch weiterhin schaffen, nicht zu trinken.» Absurd, denn er hatte ja schon mit dem Trinken aufgehört, er war schon Nicht-Trinker. Er musste nichts mehr schaffen. Seine Aussage rührte daher, dass er annahm, nun kämpfen zu müssen, um nicht mehr zu trinken. Einfach, weil er glaubte, etwas zu verlieren. Dass er nur gewinnen konnte, indem er Nicht-Trinker wurde, hatte er nicht begriffen. Er hatte seinen Standpunkt nicht geändert.

Wenn Sie das Beispiel auf sich übertragen, werden Sie feststellen, dass alles, was Sie brauchen, eine bewusste Entscheidung ist. Wenn Sie sich aus vollem Herzen und mit Freude dazu entschließen, Nicht-Messie zu sein, dann haben Sie etwas geschafft. Nämlich eine bewusste Entscheidung zu treffen. Wenn Sie genauso fröhlich sagen: «Ja, ich will Messie bleiben», dann haben Sie auch etwas geschafft. Sie haben ebenfalls bewusst eine Entscheidung getroffen. Genau das sollten Sie tun: eine bewusste, freie Entscheidung treffen. Mehr gibt es nicht zu schaffen.

Kapitel 40

Die Falle «Missionsarbeit»

Diese Falle ist tückisch, weil sie für Sie selbst Enttäuschungen bereithalten kann. Es kann sein, dass Sie nun mit großem Elan und voller Freude zum Nicht-Messie werden und das Gefühl haben, der Welt Ihr Glück verkünden zu müssen. Vielleicht verspüren Sie sogar den Drang, anderen zu helfen. Das ist gut und ehrenwert. Sie sollten dabei allerdings um eine kleine Falle wissen: die eigene Erwartungshaltung. Erwarten Sie nicht, dass man Sie begeistert anhört und sofort versteht. Erwarten Sie nicht, dass man Ihre Erkenntnis teilt. Und wenn jemand Sie absolut begriffen hat, erwarten Sie nicht, dass diese Person den gleichen Weg geht wie Sie.

Sie haben dieses Buch gelesen und wissen jetzt um alle Ängste und Sorgen eines Messies. Sie können diese Dinge jetzt beim Namen nennen und wissen, dass es sich dabei um einen gemeinen Selbstbetrug handelt. Viele Messies, ich behaupte sogar, die meisten, wissen und können das noch nicht. Sie sind nach wie vor gefangen in ihren Ängsten, Ausreden und Haltungen.

Wenn Sie nun erwarten, dass diese Menschen ebenso klar und begeistert wie Sie an die Lösung des Problems gehen, dann laufen Sie Gefahr, enttäuscht zu werden. Gehen Sie ruhig und gelassen an die Sache heran, aber erwarten Sie nichts, und lassen Sie den Leuten ihre eigene Wahl. Stellen Sie ihnen aber die Frage: «Würdest du, wenn du noch einmal die Wahl hättest, deine Wohnung wieder in den jetzigen Zustand versetzen?» Diese Frage bewirkt oft ein augenblickliches «Aufwachen»! Denn die wenigsten, wahrscheinlich sogar niemand, der unter dem Zustand leidet, würde hierauf mit «Ja» antworten. An diesem Punkt können Sie mit der Hilfe ansetzen und davon berichten, dass es eigentlich ganz einfach ist, das Problem der chaotischen Lebensweise zu lösen. Gehen Sie dabei vorsichtig und mit Respekt für Ihr Gegenüber vor. Gehen Sie behutsam vor.

Und sollte Ihr Gegenüber die oben gestellte Frage doch mit «Ja» beantworten, dann will er oder sie eben so leben. Dagegen gibt es nichts einzuwenden. Merken Sie sich einfach folgende Regel: Es gibt kein Richtig und kein Falsch in dieser Frage. Es gibt nur ein Kriterium: die eigene, freie Entscheidung!

Kapitel 41

Noch ein paar Worte zum neuen Blickwinkel

Als ich alles das begriffen hatte, was ich in den bisherigen Kapiteln beschrieben habe, fing ich unmittelbar damit an, meine Wohnung auf Vordermann zu bringen. Ich hatte natürlich keinesfalls alles ausformuliert, was ich in diesem Buch beschreibe. Ich hatte eher beim Vor-mich-hin-Denken einen Geistesblitz gehabt. Es war wie diese kleine Lampe, die in Comics immer signalisieren soll, dass einem ein Licht aufgegangen ist. Diese Lampe ging bei mir an, und ich wusste, dass ich jahrelang auf dem Holzweg gewesen war. Weil ich folgende Denkfehler gemacht hatte:

- ich dachte, ich sei eben so
- ich dachte, ich würde immer so sein
- ich dachte, es wäre ein dauerhafter und schmerzhafter Kampf, nicht so zu sein, und ich sei nicht fähig, diesen Kampf zu führen
- ich dachte, ich bräuchte das alles so.

Auf einmal war mir jedoch völlig klar, dass ich mich komplett geirrt hatte. Mein Leben lang. Erst beim weiteren Nachdenken fing ich an, diese plötzliche Erkenntnis als durchdachte und klare Positionen und Argumente auszuformulieren. Ich möchte nun versuchen, zu erklären, warum wir Messies unseren falschen Blickwinkel haben. Die Gründe liegen darin, dass unser Umfeld versucht, uns mit Argumenten, die ich mal salopp «Totschlag-Argumente» nennen will, umzudrehen, also zu ordentlichen Menschen zu erziehen. Unseren Eltern, unseren Partnern oder wer auch immer unser Umfeld bildet – allen ist klar, dass mit uns etwas nicht stimmt. Und alle versuchen, uns mit Argumenten wie: «Das ist doch nicht normal, räum doch einfach mal auf», «Ich verstehe nicht, wie man so schlampig sein kann, das macht mich noch wahnsinnig», «Aus dir wird nie etwas, wenn du das nicht in den Griff bekommst», oder: «Du musst dich nur ordentlich anstrengen, dann kannst du das auch», dazu zu bewegen, uns zu ändern. Wir fangen irgendwann an zu glauben, dass mit uns etwas nicht stimmt. Das Gemeinste aber ist, dass wir irgendwann anfangen zu glauben, dass wir nicht aufräumen können. Wir haben ständig das Gefühl, im Vergleich zu anderen unzulänglich zu sein. Wir glauben zudem irgendwann, dass wir eben anders sind. Und wir fangen an, es einfach als gegeben hinzunehmen, dass an unserem Problem nichts zu ändern sei.

Gleichzeitig möchten wir gerne etwas ändern, scheitern aber, weil wir immer wieder diesen Druck der Versagensangst spüren. Denn schließlich hat man uns immer wieder gesagt, dass wir kämpfen müssen. All diese Dinge führen dazu, dass wir völlig vergessen, dass wir selbst absolut das Recht und die Möglichkeit haben, uns zu entscheiden, so zu leben, wie wir wollen. Wir kommen gar nicht auf den Gedanken, dass alles leicht zu erledigen wäre, weil wir ja stets und ständig durch unsere eigene vermeintliche Unfähigkeit bewiesen bekommen, dass es nicht leicht ist.

In dem Moment, als mir klar wurde, dass all dies eine ganz gemeine Ecke war, in die ich anfänglich gestellt wurde und in die ich mich später selbst stellte, in diesem Moment kam ich aus der Ecke heraus. In dem Moment veränderte sich mein Blickwinkel, und ich merkte, dass ich mich jahrelang selbst betrogen hatte. Indem ich mir einfach die Möglichkeit absprach, mich zu entscheiden. Ich entdeckte, dass ich den Abwasch nicht machen *musste*, weil das irgendwo geschrieben steht oder weil man eben unangenehme Dinge machen muss oder weil irgendwer es von mir verlangte – nein, ich entdeckte, dass ich den Abwasch machen *wollte*, weil ich dadurch die Küche genau in den Zustand brachte, den ich mir immer gewünscht hatte. Die unangenehme Tätigkeit des Abwaschens, diese Sache, die mich davon abhielt, fernzusehen, diese unangenehme Sache wurde auf einmal zu einer Tätigkeit, die ich toll fand. Ich hatte das Gefühl, endlich abwaschen zu *dürfen*. Ich hatte auf einmal die Chance, es zu tun. Denn ich wollte kein Messie mehr sein.

Und so konnte ich auf einmal mit Leichtigkeit und Freude all die Tätigkeiten tun, die ich früher als Behinderung meiner Freiheit empfunden hatte. Ich merkte, dass ich im Gegenteil dadurch erst frei wurde. Ich konnte auf einmal das Fernsehen viel mehr genießen. Weil die Wohnung sauber war. Ähnlich ging es mir mit dem Wegschmeißen von Dingen. Ich entdeckte auf einmal, dass diese Dinge mich in meiner Freiheit behinderten. Ich wusste auf einmal, dass ich in meine Sammlung von Kicker-Sonderheften nie mehr hineinschauen würde. Ich bemerkte, dass die vermeintliche Pflicht, es eines Tages noch tun zu müssen, mich unglaublich nervte. Ich warf die Hefte weg und war erleichtert. Ich gewann meine Freiheit. Einfach, weil ich den Blickwinkel auf mein Problem änderte. Völlig ohne Druck, Zwang oder dumme Kommentare von außen. Ich hatte einfach etwas begriffen. Es ging um mein Leben, meine Entscheidung, meine Freiheit und meinen Willen. Seitdem putze ich, wann ich will, was ich will, und behalte, was ich behalten will. Und ich schmeiße weg, was ich nicht haben will. Ich entscheide selbst ohne Zwang. Und es ist phantastisch. Weil ich es begriffen habe.

Kapitel 42

Der Gewinn – die Freiheit von und die Freiheit zu

Nun haben Sie bis hierher sehr viel gelesen über Haltungen und über Fallen. Sie haben gelernt, dass Sie einen anderen Blickwinkel auf Ihr Problem bekommen können. Sie haben erfahren, dass Sie sich absolut frei selbst entscheiden können und dass Sie Freiheit gewinnen können. Lassen Sie uns also einen Blick auf den Begriff «Freiheit» werfen.

Philosophen, Staatsmänner und andere kluge Menschen unterscheiden nämlich zwischen zwei Arten von Freiheit. Das ist einmal die Freiheit von etwas. Zum Beispiel die Freiheit von Unterdrückung. Oder die Freiheit von Beschwerden. Lassen Sie uns ein paar konkrete Beispiele anschauen. Wenn ein Volk sich eines Diktators entledigt, dann erreicht es die Freiheit von der Diktatur. Wenn Sie eine schwere Verletzung auskuriert haben und wieder normal leben können, sind Sie frei von Schmerz. Auf unser Thema übertragen: Wenn Sie dieses Buch bis hierher gelesen und die acht Regeln befolgt haben, dann sind Sie nun frei von dem Glauben, Ihr Leben nicht selbstbestimmt leben zu können. Sie sind frei von dem Zwang, unordentlich sein zu müssen. Das ist sehr viel. Ich sage, das ist fast die halbe Miete.

Aber es kommt noch besser! Wenn Sie nämlich frei von etwas sind, dann gewinnen Sie automatisch auch die Freiheit für etwas. Nehmen wir wieder ein Beispiel: Wenn ein Volk einen Diktator zur Hölle jagt, ist es nicht nur frei von Unterdrückung, sondern gewinnt auch die Freiheit zur Meinungsäußerung, zur Entscheidung, wer regieren soll, zu sagen und zu lesen, was man möchte. Wenn Sie eine langwierige Verletzung auskuriert haben, sind Sie nicht nur frei von Schmerzen, Sie gewinnen auch wieder die Freiheit zur Bewegung, zur Ausübung Ihres Berufes und Ihres Hobbys.

Und wenn Sie die Freiheit von der zwanghaften Unordnung erlangt haben, gewinnen Sie gleichzeitig die Freiheit, Ihren Besitz zu genießen, sich Leute in die Wohnung einzuladen, Ihre Wohnung in Ordnung zu halten und sauber zu machen. Meine Freundin Beate, die ich Ihnen im Laufe dieses Buches bereits vorgestellt habe, sagte einmal zu mir: «Seit ich keine Messie mehr bin, geht es mir doppelt gut. Ich habe nicht nur begriffen, dass ich mich von meinem Chaos befreien kann, ich habe sogar entdeckt, dass ich dadurch viel mehr Freiheit bekomme, die Dinge, die mir wichtig sind, zu genießen.» Beate hatte erkannt, dass sie durch den veränderten Blickwinkel, durch die Erkenntnis, absolut selbständig entscheiden zu können, sozusagen eine doppelte Freiheit gewann. Sie befreite sich selbst nicht nur **von** ihrem Chaos, sie war auf einmal genau dadurch auch frei, Dinge **zu** tun, die ihr wichtig waren, z. B. in einer ordentlichen, schönen Wohnung **zu** leben, sich liebe Gäste ein**zu**laden, ihrer Leidenschaft für das Kochen nach**zu**gehen und lieb gewonnene Dinge **zu** genießen. Sie sehen also, dass Sie sozusagen doppelt gewinnen. Noch einmal zum Mechanismus: Sie erkennen, dass Ihre Ängste unbegründet sind. Sie lernen, dass Ihre Aussagen, warum Sie so leben wollen, nur Ausreden sind, um Ihre Angst zu kaschieren. Sie lernen, Ihre Angst zu verlieren. Sie erkennen, dass es keinerlei Vorteile hat, ein Messie-Dasein zu führen. Sie machen einen kleinen Schritt zur Seite, verändern Ihren Blickwinkel und gewinnen so die Freiheit **von** Ihrem Chaos. Nun können Sie endlich entscheiden, wie Sie leben wollen: Sie können aufräumen, was Sie wollen; Sie können wegschmeißen, was Sie wollen; Sie können Leute einladen; Sie können Ihre Dinge verwenden und genießen; Sie können Ordnung halten; Sie können Staub saugen; Sie können Bad und Küche wischen. Sie gewinnen die Freiheit, alle diese Dinge **zu** tun. Sie gewinnen doppelt.

Sie gewinnen die Freiheit von und die Freiheit zu!

Kapitel 43
Wie sich das eigene Leben verändert

Ich will Ihnen noch einmal kurz erzählen, wie sich das Leben eines Messies verändert, wenn er zum Ex-Messie wird. Vieles von dem, was jetzt kommt, wissen Sie schon. Ich wiederhole es nur, um es noch einmal absolut deutlich zu machen. In dem Moment, als ich begriffen hatte, in diesem Moment fing ich sofort an, meine Wohnung aufzuräumen. Ich begann ohne weiteres Zögern damit, das Bad zu putzen. Das dauerte nicht lange, obwohl ich erst einmal Dinge zur Seite räumen musste. Ich räumte das ganze Bad aus, putzte es und räumte es wieder ein. Ähnlich ging es mit der Küche. Im Wohnzimmer musste ich ein paar Regale anbringen, damit ich den Inhalt meiner Umzugskisten unterbringen konnte. Im Schlafzimmer wurde der Kleiderschrank aufgebaut, um das Chaos aus herumliegenden Kleidungsstücken zu beseitigen. Gleichzeitig sortierte ich alte Kleidung aus und brachte sie zum Kleidercontainer vom Roten Kreuz. Ich sortierte in Windeseile alte Zeitungen aus und behielt kaum eines der in den vergangenen Jahren oder sogar Jahrzehnten gesammelten Magazine. Ich fing an, diese Dinge nicht mehr zu ertragen. Sie mussten weg, und sie kamen weg. Das heißt aber keinesfalls, dass ich nun in einer leeren Wohnung lebte. Im Gegenteil! Ich besitze immer noch eine Unmenge von Dingen. Aber sie liegen nicht mehr in der Gegend herum oder fristen ein vergessenes Dasein in irgendwelchen Kartons, die sich in den Zimmern stapeln. Sie sind bewusst verstaut oder auch sichtbar. Ich weiß bereits jetzt, dass ich einige Dinge bis an mein Lebensende behalten, andere aber irgendwann weggeben werde. Das wird sich alles zeigen. Seitdem nun so weit aufgeräumt ist, wie ich es für richtig erachte, seitdem hal-

te ich Ordnung. Wohlgemerkt: Jede Hausfrau der alten Schule würde finden, dass meine Wohnung nicht dem auf der Hauswirtschaftsschule Gelernten entspricht. Aber ich bin zufrieden, und meine Gäste sind es auch. Ich habe auch absolut keine Probleme, diesen Zustand zu halten oder zu verbessern. Wenn irgendwo ein altes Glas herumsteht, denke ich nicht mehr nach. Ich nehme es einfach mit in die Küche, weil ich nicht will, dass es irgendwo herumsteht. Wenn ich etwas verschütte, wische ich es sofort auf, weil ich keine Lust habe, mir diesen Dreck anzusehen. Am Samstagvormittag, wenn ich eingekauft habe und ein bisschen Zeit für mich finde, schnappe ich mir den Staubsauger und sauge mal eben die unter der Woche angesammelten Staubmäuse weg. Wenn mir auffällt, dass das Bad mal wieder gemacht werden müsste, putze ich es bei der nächsten Gelegenheit. Ich bin dadurch keinesfalls langweilig, spießig oder sonstwie geworden, wie ich nie sein wollte. Ich bin im Gegenteil viel kreativer, entspannter, besser gelaunt. Ich komme gerne nach Hause, denn ich habe endlich ein Zuhause, nicht nur eine Behausung.

Ich überlege übrigens sehr genau, was ich mit Dingen mache, die ich nicht behalten möchte. Einige werden weggeschmissen. Andere werden gespendet. Wieder andere kommen in Kisten und werden auf Flohmärkten verkauft oder auf Internetplattformen versteigert. Das bringt mir nicht nur etwas Geld, sondern auch enorm viel Spaß.

Ich habe auch nicht aufgehört zu sammeln. Ich sammle immer noch Schallplatten und Comics sowie ab und an mal ein Accessoire aus den 50er Jahren. Aber ich **muss** nicht mehr sammeln. Ich kann, ich darf, ich will. Aber ich muss nicht mehr. Der Zwang ist weg. Weil ich endlich weiß, dass meine alte Lebensform absolut keinen der Vorteile brachte, die ich zu erlangen glaubte. Sie brachte nur Elend, Resignation, Druck, Unwohlsein und privates Unglück. Jetzt, seit ein paar Jahren, kann ich meine Freundin zu mir einladen, für sie kochen und ihr ein paar Stunden der Entspannung von ihrem stressigen Alltag bieten. Ich kann für sie da sein, und so kann sie auch für mich da sein. Früher wäre das nicht denkbar gewesen. Ich habe aber in der Rückschau nicht das Gefühl, dass sich viel geändert hätte. Warum nicht? Weil ich nun lebe, wie ich immer leben wollte. Der damalige Zustand, der Zustand des Messies, war von mir selbst so wenig gewünscht, dass er mir jetzt wie ein Spuk aus alten Zeiten vorkommt. Irgendwie unwirklich. Ich weiß zwar, dass ich Messie war, aber ich kann mir nicht mehr vorstellen, wie es war. Und warum es so war. Erst die Arbeit an diesem Buch hat mich zurückgeführt zu einem Leben, das ich nie führen wollte und das ich nie wieder führen werde. Ich weiß das einfach. Nichts, nicht das schlimmste Unglück, wird mich jemals wieder dazu bringen, Messie zu sein. Ich bin ein Nicht-Messie. Für jetzt und immer. Weil ich es will.

Kapitel 44

122 *Wie aufgeräumt muss es denn nun sein?*

Eine Frage, die Sie sich nur selbst beantworten können. Legen Sie Ihren eigenen Maßstab fest. Sie können sich dabei an Wohnungen von Freunden, Bekannten und Verwandten orientieren. Setzen Sie sich aber nicht unter Druck, indem Sie vielleicht einen Sauberkeitsgrad anstreben, der Ihnen persönlich gar nicht liegt. Wenn Sie eine außerordentlich penible Tante haben, deren Wohnung Sie zwar wegen der Sauberkeit immer bewundert haben, wo Sie sich aber insgesamt eher unwohl fühlen, dann wählen Sie nicht diese Wohnung als Vorbild für Ihre. Merken Sie sich einfach: Es gibt kein Gesetz, das vorschreibt, wie sauber eine Wohnung zu sein hat. Ich bin mir im Klaren darüber, dass die ständige Betonung Ihrer Selbständigkeit und Ihres Rechts auf eine freie Entscheidung Ihnen vielleicht auf die Nerven fällt, weil Sie gar nicht wissen, wie Sie sich entscheiden sollen. In solchen Fällen hilft das Ausschlussprinzip. Sie haben sich entschieden, dass Ihre Wohnung anders aussehen soll. Nehmen Sie jetzt einfach Beispielwohnungen, die Ihnen nicht gefallen. Und schon schließen Sie ein paar Sauberkeitszustände aus. Schritt für Schritt kommen Sie so dem nahe, was Sie für sich erreichen wollen. Denn es muss immer nur so sauber sein, wie Sie es haben wollen. Nicht mehr und nicht weniger. Solange Sie die Dinge beherrschen und nicht umgekehrt, solange wird Ihre Wohnung jederzeit in einem Zustand sein, den Sie in Ordnung finden. Und genau so sauber muss es sein!

Kapitel 45

Wie es nun weitergeht

Sie wissen nun alles, was Sie wissen müssen. Wir wollen aber die letzten Schritte trotzdem gemeinsam gehen. Lassen Sie uns kurz überprüfen, wie es Ihnen geht. Sind Sie gut gelaunt, und haben Sie schon seit geraumer Zeit das Gefühl, endlich anfangen zu wollen? Oder haben Sie vielleicht schon angefangen mit Aufräumen? Dann lesen Sie hier nicht weiter, sondern gehen Sie direkt zu Kapitel 46. Wir sehen uns dort!

Geht es Ihnen nicht so gut? Fühlen Sie sich immer noch ein wenig ratlos? Wissen Sie immer noch nicht, wie Sie denn nun loslegen sollen? Haben Sie noch dauernd das Gefühl, dass sich eigentlich nichts geändert hat und Sie genauso ohnmächtig sind wie vorher? Dann müssen wir noch einmal sorgfältig überprüfen, wo der Fehler liegt. An irgendeiner Stelle des Buches haben Sie sich ausgeklinkt. Irgendwo waren Sie unaufmerksam und haben den Anschluss verpasst. Das macht überhaupt nichts. Lassen Sie uns gemeinsam herausfinden, wo das Problem bei Ihnen liegt. Im Folgenden finden Sie eine Checkliste. Nehmen Sie sich einen Bleistift, und kreuzen Sie die Antworten auf die Fragen an. Sie werden dann schnell merken, an welcher Stelle Sie noch einmal nachlesen müssen.

1. Wissen Sie noch, wie die wichtigen acht Punkte lauten?
   - ☐ **ja**
   - ☐ **nein** → lesen Sie nochmals die acht Punkte in Kapitel 2

2. Rätseln Sie noch, warum Sie so sind, und denken Sie,

erst mit der Veränderung beginnen zu können, wenn Sie dieses Rätsel gelöst haben?

☐ **ja** → lesen Sie nochmals Kapitel 5

☐ **nein**

3. Glauben Sie, dass Sie zu viele Probleme haben, um Ihr Chaos zu beseitigen? Denken Sie, dass Sie Ihr Leben nicht in den Griff bekommen können, weil in Ihrer Vergangenheit zu viel passiert ist?

☐ **ja** → lesen Sie nochmals Kapitel 6

☐ **nein**

4. Würden Sie sagen, dass Ihre bisherige Lebensform Ihnen Vorteile bietet?

☐ **ja** → lesen Sie nochmals Kapitel 9

☐ **nein**

5. Sind Sie sicher, dass Sie alle Ihre angesammelten Gegenstände brauchen und deswegen nichts ändern können, selbst wenn Sie es wollten?

☐ **ja** → lesen Sie nochmals Kapitel 14

☐ **nein**

6. Haben Sie das Gefühl, dass Sie sich im Leben nichts gönnen und deswegen auch nicht in einer schönen Wohnung leben dürfen?

☐ **ja** → lesen Sie nochmals Kapitel 15

☐ **nein**

7. Fühlen Sie sich überfordert? Sind Sie nicht sicher, ob Sie in der Lage sein werden, alles zu schaffen?

☐ **ja** → lesen Sie nochmals Kapitel 16, 25, 35, 36 und 37

☐ **nein**

8. Fühlen Sie sich trotz einiger erleichternder Erkenntnisse immer noch irgendwie ohnmächtig?

☐ **ja** → lesen Sie nochmals Kapitel 17

☐ **nein**

9. Haben Sie ein bisschen Angst, dass Sie ein langweiliger Mensch werden könnten, wenn Sie Ihr Chaos beseitigen?

☐ **ja** → lesen Sie nochmals Kapitel 19, 21, 33 und 38

☐ **nein**

10. Denken Sie, dass Sie im Endeffekt zu schwach sein werden, Ihr Chaos zu beseitigen? Haben Sie das Gefühl, niemals genug Willen aufbringen zu können?

☐ **ja** → lesen Sie nochmals Kapitel 20 und 39

☐ **nein**

11. Haben Sie irgendwie das Gefühl, dass Ihnen eine saubere Wohnung zu steril sein könnte?

☐ **ja** → lesen Sie nochmals Kapitel 22

☐ **nein**

12. Sind Sie sich sicher, dass Sie etwas ändern wollen, denken aber, der Zeitpunkt sei dafür noch nicht gekommen?

☐ **ja** → lesen Sie nochmals Kapitel 23

☐ **nein**

13. Finden Sie, dass bei Ihnen eigentlich alles gar nicht so schlimm ist, könnten bei dem Gedanken aber anfangen zu heulen?

☐ **ja** → lesen Sie nochmals Kapitel 24 und 26

☐ **nein**

14. Sie haben alles gelesen und verstanden, stellen aber fest, dass ich einen für Sie wesentlichen Punkt übersehen oder vielleicht sogar völlig falsch behandelt habe?

☐ **ja** → schreiben Sie mir an die hinten im Buch genannte Adresse!

☐ **nein**

Kapitel 46

Die letzte große Entscheidung

Sie sind bei Kapitel 46 angekommen. Ich freue mich enorm für Sie, denn das bedeutet, dass Sie nun wirklich und endgültig alle Werkzeuge an der Hand haben, um ein glücklicher Nicht-Messie zu sein. Deswegen wollen wir hier noch einmal ganz bewusst unsere Entscheidung formulieren. Stellen Sie sich hin, schauen Sie sich um, und nehmen Sie Ihr Chaos wahr! Sehen Sie sich alles genau an, ein letztes Mal. Und jetzt straffen Sie die Schultern, stellen sich gerade hin, holen tief Luft, und rufen Sie laut in den Raum. Sagen Sie es!!! Sagen Sie:

«Es steht fest!!! Ich will kein Messie mehr sein. Hier wird es ab sofort anders aussehen. Ich will es anders haben. Ich will es nie mehr so haben. Ich will ein Nicht-Messie sein!

Ich bin ein Nicht-Messie!!!»

Ich schüttle Ihnen die Hand! Herzlichen Glückwunsch und willkommen im Club!

Kapitel 47

128 *Ein letzter Schritt*

Sie sind nun endlich ein Nicht-Messie. Chaos ist nicht mehr Ihre Sache. Unordnung ist nicht mehr Ihr Ding. Sie müssen jetzt nur einen letzten Schritt gehen. Nämlich: Gehen Sie an die Öffentlichkeit. Erzählen Sie Ihren besten Freunden, aber auch entfernten Bekannten von Ihrer großen Entdeckung der Freiheit. Formulieren Sie diesen Menschen gegenüber ganz offen, was Ihr Problem war und dass Sie es gelöst haben. Erzählen Sie davon, und überlegen Sie sich auch gleich, von welchem Ihrer Freunde und Bekannten Sie nun gerne Hilfe hätten. Und fangen Sie sofort damit an, aufzuräumen und sauber zu machen. Hetzen Sie sich nicht, aber schieben Sie auch nichts auf die lange Bank. Fangen Sie an mit dem, was Ihnen auffällt. *Legen Sie einfach los, egal, womit.* Sie können es, denn so wollen Sie es. Sie dürfen endlich, endlich anfangen. Lassen Sie sich nicht durch mich aufhalten. Ich habe Ihnen alles gesagt. Ich will Ihnen nicht auf die Nerven fallen. Deswegen verabschiede ich mich jetzt. Machen Sie's gut, bleiben Sie sauber (kleiner Scherz)!

Haben Sie Anmerkungen oder möchten Sie Kontakt aufnehmen? Schreiben Sie an

Thomas Ritter
Postfach 304 144
20324 Hamburg
www.endlichaufgeraeumt.de